Seguridad de la Información y Ciberseguridad en la Empresa

ICB Editores (Interconsulting Bureau S.L.)
C/ Flauta Mágica, 1, local 1B
P.I. Alameda 29006 – Málaga. España
Tfno: (+34) 952 28 87 67
info@icbeditores.com
www.icbeditores.com

Seguridad de la Información y Ciberseguridad en la Empresa

Coordinadora de la obra: María Dolores Pérez Rodríguez
Licenciada en Pedagogía por la Universidad de Málaga

1ª edición, 04/2025

ISBN: 978-84-19720-88-7

Impreso en España - *Printed in Spain*

Código: MAIC005276

C.20181023110654 - M.20250404134719

ÍNDICE

1. Seguridad de la Información y Ciberseguridad en la Empresa

1.1. Fundamentos de la Seguridad de la Información y la Ciberseguridad

1.2. Políticas de Seguridad y Ciberseguridad

1.3. Auditoría y Normativa de Seguridad

MÓDULO

1. Seguridad de la Información y Ciberseguridad en la Empresa

Contenido del Módulo

ICB
EDITORES

UNIDAD

1.1. Fundamentos de la Seguridad de la Información y la Ciberseguridad

Contenido de la Unidad

- Introducción a la seguridad de la información y a la ciberseguridad
- Modelo de ciclo de vida de la seguridad de la información
- Principios de protección de la información
- Activos de información
- Tácticas de ataque y concepto de hacking
- Vulnerabilidades en diferentes sistemas
- Buenas prácticas y salvaguardas de seguridad
- La cultura de ciberseguridad en los negocios
- Resumen

ICB
EDITORES

1. INTRODUCCIÓN A LA SEGURIDAD DE LA INFORMACIÓN Y A LA CIBERSEGURIDAD

1.1. Concepto de seguridad de la información

La seguridad de la información constituye un pilar fundamental en la gestión de datos dentro de las organizaciones, ya que implica la implementación de estrategias, medidas y controles diseñados para proteger los activos informativos contra amenazas internas y externas. Este concepto se basa en la triada de principios esenciales: confidencialidad, integridad y disponibilidad (CIA).

Confidencialidad se refiere a garantizar que la información solo esté accesible para las personas o entidades autorizadas, evitando cualquier tipo de acceso no permitido mediante controles como el cifrado, la autenticación multifactor y las políticas de acceso restringido. Integridad implica mantener los datos exactos y completos, evitando alteraciones no autorizadas a través de mecanismos como firmas digitales, control de versiones y auditorías regulares. Finalmente, disponibilidad asegura que la información esté accesible cuando sea requerida por los usuarios autorizados, implementando medidas como sistemas de respaldo, recuperación ante desastres y redundancia en la infraestructura tecnológica.

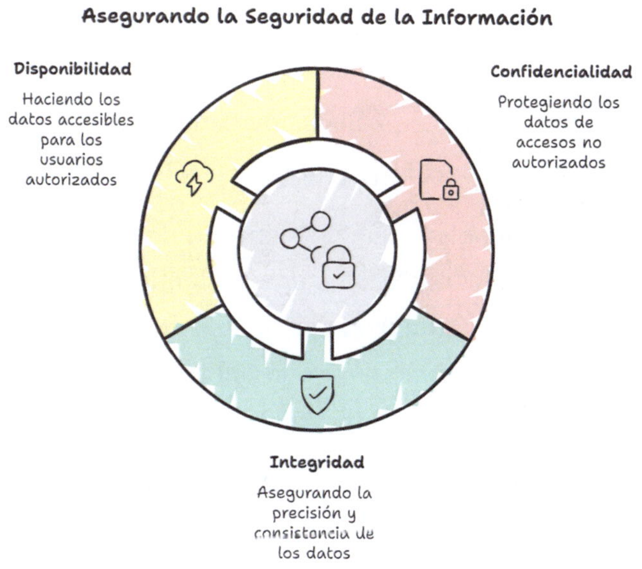

En un entorno empresarial, los activos de información abarcan desde documentos físicos y bases de datos hasta sistemas de software, infraestructura tecnológica y procedimientos operativos. Proteger estos activos requiere un enfoque holístico que contemple la evaluación de riesgos, la identificación de vulnerabilidades y la implementación de controles preventivos y reactivos.

El contexto actual, caracterizado por la digitalización, demanda que las organizaciones adopten políticas de seguridad robustas alineadas con normativas internacionales como ISO/IEC 27001 y el Reglamento General de Protección de Datos (RGPD). Estas normativas proporcionan un marco estructurado para gestionar y mitigar riesgos relacionados con la seguridad de la información, asegurando así la continuidad operativa y la confianza de las partes interesadas.

A medida que las amenazas evolucionan, la seguridad de la información no solo se limita a aspectos tecnológicos, sino que también involucra a las personas y los procesos, exigiendo una formación constante y la generación de una cultura organizacional orientada a la protección de los datos.

1.2. Contextualización de la ciberseguridad en los negocios

La ciberseguridad se ha convertido en un componente esencial para garantizar la protección de los datos y sistemas digitales en el ámbito empresarial. Con el avance de la digitalización, las organizaciones enfrentan un incremento exponencial en el volumen y sofisticación de las amenazas cibernéticas, desde ataques de ransomware hasta brechas de seguridad causadas por phishing o vulnerabilidades en aplicaciones.

La ciberseguridad se define como el conjunto de prácticas, tecnologías y procesos que se implementan para proteger sistemas, redes y datos frente a accesos no autorizados, interrupciones o daños. Este ámbito no solo abarca la defensa contra atacantes externos, sino también la gestión de amenazas internas y la prevención de errores humanos.

En el contexto empresarial, la ciberseguridad se enfrenta a retos complejos y en constante evolución, entre los que destacan:

♦ Adopción de nuevas tecnologías

La transformación digital ha acelerado la adopción de servicios en la nube, dispositivos IoT y plataformas de colaboración remota. Estos avances, aunque aumentan la eficiencia y conectividad, también amplían significativamente la superficie de ataque.

Los ciberdelincuentes pueden explotar vulnerabilidades en estas tecnologías para lanzar ataques dirigidos, realizar espionaje industrial o comprometer la disponibilidad de servicios esenciales.

Por ejemplo, la falta de segmentación adecuada en redes que incorporan IoT puede permitir a los atacantes acceder a sistemas sensibles desde dispositivos aparentemente inocuos.

♦ Cumplimiento normativo

Las regulaciones como el RGPD, la Ley de Seguridad de Infraestructuras Críticas y normativas específicas de sectores como el financiero o el sanitario demandan altos estándares de protección de datos. El incumplimiento no solo implica multas severas, sino también la pérdida de confianza de los clientes y socios comerciales.

Las organizaciones deben establecer programas de cumplimiento integrales que incluyan auditorías periódicas, evaluaciones de impacto y una gobernanza clara sobre el tratamiento de los datos.

♦ Concienciación del personal

Los empleados representan el eslabón más vulnerable de la cadena de seguridad. Las amenazas como el phishing y la ingeniería social se aprovechan de la falta de formación y la confianza excesiva.

Para mitigar este riesgo, es crucial implementar programas continuos de formación en ciberseguridad que incluyan simulaciones de ataques reales, políticas claras sobre el manejo de información sensible y mecanismos para reportar incidentes sin temor a represalias. Además, la capacitación debe estar adaptada a los diferentes roles dentro de la organización, asegurando que todos comprenden las amenazas específicas que enfrentan.

Fortaleciendo la Ciberseguridad en la Era Digital Moderna

Cumplimiento Normativo

Cumplir con las leyes de protección de datos es crucial para evitar multas y perder confianza.

Adopción de Nuevas Tecnologías

La integración de tecnologías modernas requiere medidas de seguridad robustas para mitigar vulnerabilidades.

Concienciación del Personal

Educar a los empleados sobre amenazas de seguridad es vital para fortalecer la defensa organizacional.

Las estrategias modernas de ciberseguridad incluyen el uso de herramientas avanzadas como sistemas de detección de intrusos, firewalls de próxima generación y soluciones de inteligencia artificial que detectan patrones de comportamiento anómalos. Además, se fomenta la implementación de principios como "cero confianza" (Zero Trust), que limitan el acceso de los usuarios y dispositivos únicamente a los recursos estrictamente necesarios.

Finalmente, las empresas deben integrar la ciberseguridad como parte de su estrategia general de gestión de riesgos, evaluando continuamente su postura de seguridad y realizando auditorías para identificar vulnerabilidades y fortalecer su infraestructura.

1.3. Importancia y alcance actual

La seguridad de la información y la ciberseguridad son fundamentales en el entorno empresarial actual, caracterizado por una creciente dependencia de las tecnologías digitales y un incremento en las amenazas cibernéticas.

Proteger los activos de información no solo es una obligación legal y ética, sino que también es una ventaja competitiva.

♦ Relevancia empresarial

Las empresas dependen de la información para tomar decisiones estratégicas, desarrollar productos y servicios, y mantener relaciones con clientes y socios. Una brecha de seguridad puede tener consecuencias devastadoras, desde pérdidas financieras hasta daños irreparables en la reputación corporativa. Además, la confianza en las marcas está intrínsecamente ligada a la percepción de la seguridad que ofrecen a sus clientes y socios comerciales. Casos recientes de grandes corporaciones que han sufrido brechas de seguridad han demostrado que la incapacidad para proteger los datos puede derivar en demandas legales, caída del valor en bolsa y reducción drástica de su cuota de mercado.

♦ Evolución de las amenazas

A medida que la tecnología avanza, también lo hacen las tácticas de los atacantes. Los ciberdelincuentes utilizan técnicas cada vez más sofisticadas, como el uso de inteligencia artificial para automatizar ataques y explotar vulnerabilidades en tiempo real. Las amenazas han evolucionado para incluir el uso de redes de bots (botnets) y ataques dirigidos a infraestructuras críticas, como sistemas de energía y transporte. Por ejemplo, los ataques de ransomware han aumentado exponencialmente en los últimos años, afectando tanto a grandes corporaciones como a pequeñas empresas, paralizando operaciones esenciales y exigiendo pagos exorbitantes por la devolución de datos.

♦ Marco normativo y regulador

La implementación de regulaciones como el RGPD, la Ley de Infraestructuras Críticas y normativas sectoriales como HIPAA (para el sector salud) o PCI DSS (para la industria de pagos) ha establecido estándares mínimos que las empresas deben cumplir para proteger los datos personales y garantizar la resiliencia operativa. Estas normativas también fomentan la adopción de buenas prácticas y la mejora continua en los sistemas de gestión de la seguridad de la información. El no cumplimiento de estas regulaciones puede resultar en sanciones severas, como las multas de millones de euros impuestas por el RGPD, además del impacto reputacional.

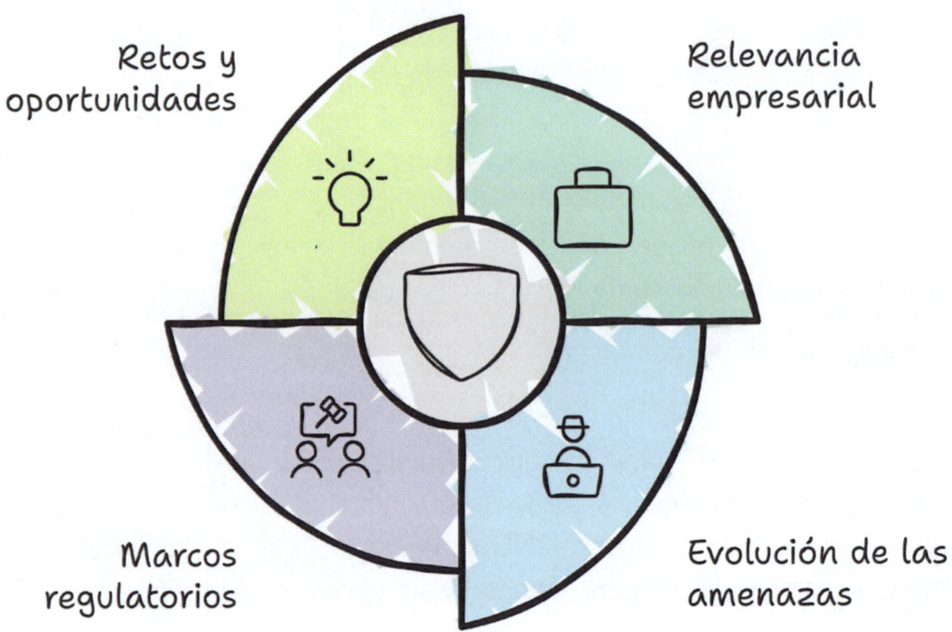

♦ Retos y oportunidades

Aunque las amenazas son significativas, la ciberseguridad también presenta oportunidades para innovar y diferenciarse en el mercado. Invertir en tecnologías avanzadas, como la inteligencia artificial y el análisis predictivo, permite a las empresas no solo protegerse mejor, sino también optimizar sus operaciones y mejorar la experiencia del cliente. Por ejemplo, el uso de plataformas de aprendizaje automático puede predecir patrones de comportamiento sospechosos antes de que ocurran ataques.

Asimismo, implementar estrategias como el modelo de "cero confianza" refuerza la seguridad al asumir que ninguna entidad dentro o fuera de la red corporativa es completamente fiable sin verificación. Las empresas que logren integrar estos avances con una cultura de ciberseguridad serán capaces de construir una ventaja competitiva sostenible.

La seguridad de la información y la ciberseguridad no son simplemente cuestiones técnicas, sino elementos estratégicos que deben estar integrados en todos los niveles de la organización. Esto requiere un enfoque proactivo, colaborativo y alineado con los objetivos de negocio para garantizar un entorno digital seguro y resiliente.

2. Modelo de ciclo de vida de la seguridad de la información

2.1. Fases del ciclo de vida

El ciclo de vida de la seguridad de la información es un proceso continuo y estructurado que asegura la protección de los activos informativos a lo largo del tiempo.

Este modelo está compuesto por varias fases interrelacionadas, que van desde la planificación inicial hasta la mejora continua.

Estas etapas garantizan que las organizaciones puedan adaptarse a nuevas amenazas y mantener la seguridad de sus sistemas de información de manera efectiva. A continuación, se detallan las fases principales:

1. **Identificación de activos y evaluación de riesgos**

En esta fase, se realiza un inventario exhaustivo de los activos de información, que pueden incluir datos sensibles, infraestructura tecnológica, procesos críticos y recursos humanos.

Es fundamental asignar un valor a cada activo según su importancia para la organización y evaluar las amenazas potenciales que podrían afectarlos, como ataques cibernéticos, desastres naturales o errores humanos. Además, se identifican vulnerabilidades específicas, como software desactualizado o configuraciones inadecuadas, y se calcula el nivel de riesgo mediante metodologías reconocidas, como análisis cualitativo o cuantitativo.

Los riesgos se priorizan para garantizar que los recursos se asignen de manera eficiente hacia las áreas más críticas.

2. **Diseño y desarrollo de controles de seguridad**

Una vez identificados los riesgos, se diseñan e implementan controles y medidas para mitigarlos. Estos controles incluyen tanto soluciones tecnológicas como prácticas organizativas.

Ejemplos de controles preventivos son la implementación de firewalls, sistemas de detección de intrusos (IDS) y políticas de contraseñas robustas. Los controles reactivos, por su parte, incluyen planes de contingencia y mecanismos de recuperación ante desastres. Es crucial que los controles sean escalables y proporcionales al nivel de riesgo identificado, asegurando que no generen un impacto negativo en la productividad de la organización. Además, estos controles deben documentarse adecuadamente para facilitar su monitoreo y revisión.

3. **Implementación de políticas y procedimientos**

Esta etapa consiste en establecer un marco normativo que guíe las acciones de los empleados y de los sistemas en materia de seguridad. Las políticas deben ser claras, accesibles y adaptadas a las necesidades específicas de la organización.

Algunos ejemplos incluyen políticas de uso aceptable de dispositivos, normativas para la gestión de accesos y protocolos para la clasificación y manejo de información confidencial. Asimismo, los procedimientos deben detallar los pasos específicos para implementar estas políticas, como los procesos para la creación de cuentas de usuario, la gestión de actualizaciones de software y la respuesta a incidentes. La capacitación del personal es clave para garantizar que estas políticas sean comprendidas y aplicadas correctamente.

4. **Monitoreo y auditoría**

El monitoreo continuo de los sistemas y procedimientos permite identificar posibles brechas de seguridad o desviaciones de las políticas establecidas. Esto incluye el uso de herramientas automatizadas para la supervisión de actividades sospechosas, análisis de logs y detección de anomalías.

Las auditorías periódicas, tanto internas como externas, ayudan a evaluar la efectividad de las medidas implementadas y a detectar áreas de mejora. Además, se recomienda realizar evaluaciones de vulnerabilidades y pruebas de penetración para identificar posibles puntos débiles antes de que sean explotados por actores malintencionados.

5. **Respuesta a incidentes**

Cuando se detecta una amenaza o un incidente de seguridad, se activa el plan de respuesta, que incluye la contención, eliminación y recuperación. Es esencial que esta fase sea rápida y eficiente para minimizar el impacto en la organización.

Por ejemplo, en un ataque de ransomware, las medidas de contención pueden incluir el aislamiento del sistema afectado, mientras que las actividades de recuperación implican restaurar los datos desde copias de seguridad verificadas. La comunicación también es crucial: los equipos internos y las partes interesadas deben ser informados del progreso en tiempo real, y las lecciones aprendidas deben documentarse para fortalecer las defensas futuras.

6. **Revisión y mejora continua**

La última fase consiste en analizar los resultados obtenidos tras la gestión de incidentes y las auditorías, con el objetivo de realizar ajustes y mejoras en las políticas, controles y procedimientos. Este enfoque iterativo garantiza que la organización se mantenga preparada ante nuevas amenazas y cambios en el entorno.

Por ejemplo, las tendencias emergentes en ciberseguridad, como el uso de inteligencia artificial para ataques automatizados, deben ser monitoreadas para adaptar las estrategias de defensa. Además, es importante fomentar una cultura organizacional de mejora continua, incentivando a los empleados a participar activamente en la identificación de riesgos y la propuesta de soluciones.

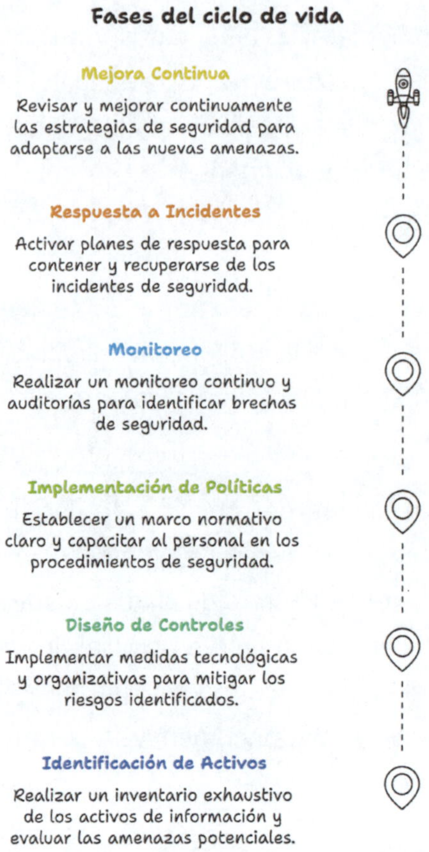

Fases del ciclo de vida

Mejora Continua

Revisar y mejorar continuamente las estrategias de seguridad para adaptarse a las nuevas amenazas.

Respuesta a Incidentes

Activar planes de respuesta para contener y recuperarse de los incidentes de seguridad.

Monitoreo

Realizar un monitoreo continuo y auditorías para identificar brechas de seguridad.

Implementación de Políticas

Establecer un marco normativo claro y capacitar al personal en los procedimientos de seguridad.

Diseño de Controles

Implementar medidas tecnológicas y organizativas para mitigar los riesgos identificados.

Identificación de Activos

Realizar un inventario exhaustivo de los activos de información y evaluar las amenazas potenciales.

2.2. Adaptación a distintos entornos

La adaptación del ciclo de vida de la seguridad de la información a diferentes entornos organizacionales es esencial para garantizar su efectividad. Cada empresa tiene características únicas que influyen en cómo se implementa este modelo, incluyendo su tamaño, sector, estructura operativa y nivel de madurez tecnológica. A continuación, se exploran algunas consideraciones clave para distintos entornos:

1. **Pequeñas y medianas empresas (PYMES)**

Las PYMES, al contar con recursos limitados, deben priorizar las medidas de seguridad más críticas. Un análisis de riesgos simplificado puede ayudar a identificar las amenazas más probables.

Controles efectivos incluyen la autenticación multifactor para proteger accesos sensibles, el uso de software actualizado con licencias oficiales y la implementación de cifrado en comunicaciones y datos almacenados. Además, la externalización de servicios de ciberseguridad, como la contratación de consultorías especializadas o proveedores de servicios gestionados (MSP), resulta una estrategia rentable que permite a las PYMES acceder a conocimientos avanzados sin una inversión significativa en infraestructura propia.

2. **Grandes corporaciones**

En estas organizaciones, la complejidad de las operaciones y la dispersión geográfica requieren un enfoque holístico y altamente integrado. La segmentación de redes es crucial para limitar el movimiento lateral de atacantes dentro de la infraestructura. Herramientas avanzadas como SIEM (Sistemas de Información de Seguridad y Gestión de Eventos) permiten monitorear actividades en tiempo real y detectar anomalías antes de que escalen en incidentes mayores.

Estas empresas suelen enfrentar regulaciones estrictas (p. ej., GDPR, CCPA) y auditorías frecuentes, lo que demanda un equipo interno dedicado a garantizar el cumplimiento normativo. La integración de frameworks como NIST o ISO/IEC 27001 facilita la gestión de la seguridad de manera coherente y eficiente.

3. **Entidades gubernamentales y organizaciones críticas**

Estas instituciones suelen ser objetivos prioritarios para actores malintencionados debido a la sensibilidad de los datos que manejan. En este contexto, la resiliencia operativa es clave, por lo que se deben implementar planes de continuidad que incluyan simulacros regulares de desastres y evaluaciones de impacto. Además de los controles tecnológicos, como firewalls de alta seguridad y soluciones de cifrado extremo a extremo, es fundamental contar con un control riguroso de acceso físico a las instalaciones.

La capacitación periódica del personal en temas de ciberseguridad también resulta crítica, dado que los ataques de ingeniería social representan una amenaza recurrente.

4. **Entornos con alta dependencia tecnológica**

Sectores como el financiero, tecnológico o de telecomunicaciones tienen una alta exposición a ciberataques debido a su dependencia de sistemas interconectados.

En estos entornos, la seguridad desde el diseño (security by design) debe ser una prioridad. Esto incluye arquitecturas basadas en el modelo Zero Trust, donde cada acceso a sistemas y datos requiere una verificación robusta independientemente de su origen.

La automatización juega un papel esencial en la detección y respuesta a incidentes, utilizando inteligencia artificial y aprendizaje automático para identificar comportamientos anómalos. La colaboración con terceros, como proveedores y socios, también debe gestionarse cuidadosamente a través de acuerdos claros de nivel de seguridad (SLAs), garantizando estándares homogéneos en toda la cadena de suministro.

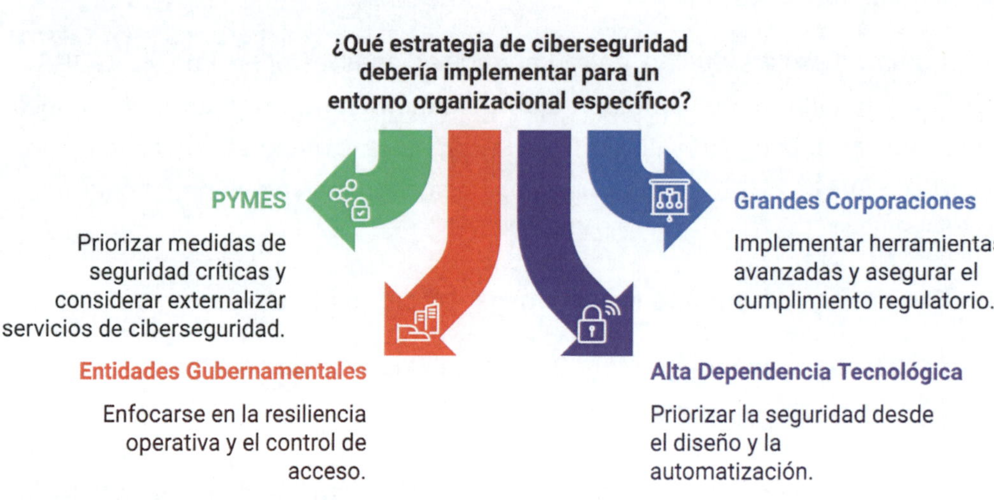

Adaptar el ciclo de vida de la seguridad de la información a cada entorno garantiza que las medidas implementadas sean relevantes y efectivas, optimizando los recursos disponibles y fortaleciendo la resiliencia frente a amenazas específicas.

3. Principios de protección de la información

3.1. Confidencialidad, integridad y disponibilidad (CIA)

El modelo CIA (Confidencialidad, Integridad y Disponibilidad) constituye la base conceptual de la seguridad de la información y establece los fundamentos sobre los que se construyen las estrategias de protección de datos. Este trío define los principios esenciales que deben guiar no solo la implementación de medidas tecnológicas, sino también la formación y concienciación de los usuarios dentro de cualquier organización. Su aplicación es fundamental para mitigar riesgos, cumplir con normativas legales y garantizar la continuidad operativa.

1. **Confidencialidad**: La confidencialidad es el principio que protege la privacidad y exclusividad de la información, asegurando que solo las personas autorizadas puedan acceder a ella. Este valor es fundamental para evitar la exposición de datos sensibles, ya sea por ataques malintencionados, errores humanos o negligencias. Imagina un sistema financiero donde los datos de los clientes estén disponibles para cualquier empleado: el caos y las pérdidas serían inevitables. La confidencialidad busca prevenir estos riesgos mediante un conjunto de medidas como:

   ⇨ **Cifrado de datos:** Este proceso transforma la información en un formato indescifrable para aquellos que no posean la clave de desencriptación. Por ejemplo, los mensajes en aplicaciones seguras como WhatsApp están cifrados de extremo a extremo, protegiendo el contenido de posibles interceptaciones.

   ⇨ **Control de accesos:** La administración de roles y permisos permite limitar qué usuarios pueden ver, editar o compartir determinados datos. Un buen ejemplo de esta práctica son los sistemas ERP en empresas, donde cada empleado accede solo a las áreas relevantes para su trabajo.

   ⇨ **Autenticación multifactor:** Combinar varios factores de verificación, como contraseñas, biometría (huellas digitales, reconocimiento facial) o tokens, añade capas de protección. Este enfoque es común en plataformas bancarias, donde incluso un atacante con la contraseña necesitaría acceso al dispositivo físico del usuario.

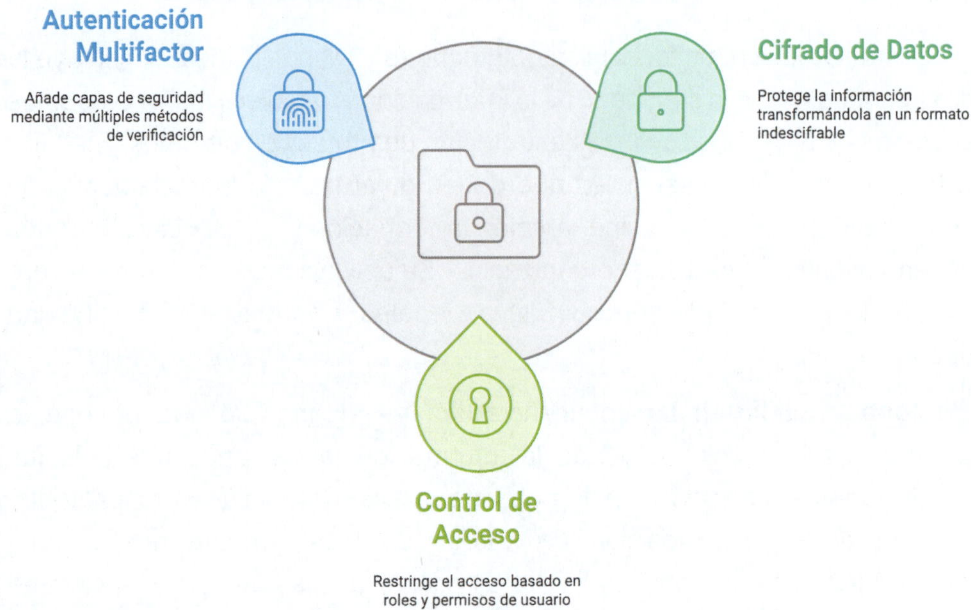

2. **Integridad:** La integridad va más allá de garantizar que los datos estén completos; busca protegerlos de cualquier alteración, ya sea intencional o accidental. Este principio es fundamental para preservar la confianza en la información que circula dentro y fuera de una organización. Por ejemplo, en el sector de la salud, una mínima alteración en un historial clínico podría desencadenar tratamientos erróneos con graves consecuencias para el paciente.

   Para garantizar la integridad, las organizaciones implementan:

   - ⇨ **Firmas digitales:** Estas permiten validar que un documento o mensaje no ha sido modificado desde su creación. Un correo electrónico firmado digitalmente no solo autentica al remitente, sino que también asegura que su contenido permanece intacto.
   - ⇨ **Control de versiones:** Esta práctica es crucial en entornos colaborativos, como equipos que trabajan en proyectos de software o diseño, ya que permite rastrear y revertir cambios no deseados.

⇨ **Mecanismos de hash:** Un hash es como una huella digital única de los datos. Si un solo byte de información cambia, el hash resultante será completamente distinto, lo que facilita la detección de alteraciones.

3. **Disponibilidad:** La disponibilidad se centra en garantizar que la información y los sistemas estén siempre al alcance de quienes los necesitan, cuando los necesitan. En un mundo cada vez más conectado, la interrupción de servicios puede tener un impacto catastrófico en términos financieros y operativos.

   Considera una tienda en línea que sufre una caída en su plataforma durante un periodo de promociones: las ventas se pierden, los clientes se frustran y la reputación de la empresa queda dañada. Para evitar estos escenarios, las organizaciones implementan:

   ⇨ **Redundancia:** Los sistemas duplicados actúan como salvavidas ante fallos inesperados. Por ejemplo, una base de datos secundaria puede activarse automáticamente si la principal falla.

- ⇨ **Planes de recuperación ante desastres:** Estos planes incluyen protocolos detallados para restaurar operaciones tras incidentes como desastres naturales o ataques cibernéticos. Las pruebas regulares de estos planes garantizan su eficacia.
- ⇨ **Protección contra ataques DDoS:** Los ataques de denegación de servicio buscan saturar un sistema con tráfico malicioso. Soluciones como firewalls avanzados y redes de entrega de contenido (CDN) ayudan a mitigar estos riesgos.

El equilibrio entre estos tres principios es esencial, ya que reforzar uno puede afectar a los otros.

Por ejemplo, medidas excesivas de confidencialidad podrían limitar la disponibilidad, y priorizar únicamente la disponibilidad podría comprometer la integridad. Una gestión efectiva de la seguridad de la información requiere considerar cuidadosamente estos factores en el contexto específico de la organización.

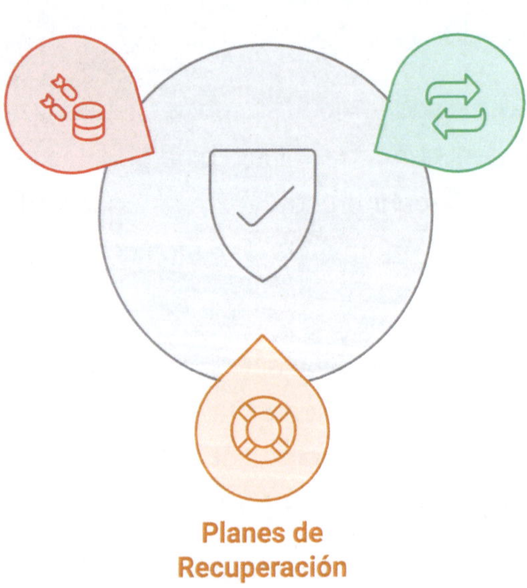

3.2. Ejemplos prácticos en entornos corporativos

En el mundo corporativo, la aplicación de los principios de confidencialidad, integridad y disponibilidad (CIA) se traduce en prácticas específicas que abordan los desafíos únicos de cada organización. Estos principios no solo definen la estrategia de seguridad, sino que también se integran en las operaciones diarias y en la planificación a largo plazo. A continuación, se describen ejemplos concretos de cómo se implementan en entornos empresariales:

1. **Confidencialidad en acción:** En una empresa financiera, los datos de los clientes, como detalles de cuentas bancarias y transacciones, deben protegerse rigurosamente. Para garantizar la confidencialidad, la organización podría implementar cifrado extremo a extremo en todas las comunicaciones internas y externas, asegurándose de que incluso si un mensaje es interceptado, su contenido no pueda ser descifrado. Además, el uso de sistemas de gestión de acceso con autenticación multifactor garantiza que solo los empleados autorizados puedan acceder a información sensible.

2. **Integridad aplicada a operaciones críticas:** En una planta de manufactura, los datos de producción deben mantenerse exactos para evitar errores que puedan afectar la calidad del producto final. Los sistemas de control industrial (ICS) pueden integrar mecanismos de hash para verificar que los datos de sensores y controles no hayan sido manipulados. Por ejemplo, si los datos sobre la temperatura de un horno industrial son alterados, el sistema debe detectar la discrepancia y alertar a los operadores antes de que ocurra un daño.

3. **Disponibilidad en infraestructura tecnológica:** Una empresa de comercio electrónico depende de la disponibilidad continua de su plataforma para garantizar la experiencia del cliente. Para ello, implementa servidores redundantes en diferentes ubicaciones geográficas. En caso de que un servidor falle, otro entra en funcionamiento automáticamente, asegurando que los clientes puedan seguir comprando sin interrupciones. Adicionalmente, la empresa lleva a cabo simulacros regulares de recuperación ante desastres para verificar que los planes de contingencia sean efectivos.

4. **Equilibrio entre principios:** En un hospital, el equilibrio entre confidencialidad, integridad y disponibilidad es esencial. Los historiales médicos deben ser accesibles rápidamente en emergencias (disponibilidad), pero solo para el personal médico autorizado (confidencialidad), y cualquier cambio debe registrarse y ser verificable (integridad). Para lograr esto, el hospital podría implementar un sistema de gestión electrónica de historiales que combine cifrado avanzado, control de acceso basado en roles y un registro inmutable de auditoría.

Estos ejemplos muestran cómo los principios de seguridad de la información son fundamentales para mantener la confianza, cumplir con regulaciones y garantizar la continuidad operativa en diversos sectores. Cada organización debe adaptar estas estrategias a sus necesidades específicas para lograr una protección eficaz y sostenible.

4. Activos de información

4.1. Identificación y valoración de activos

Los activos de información son todos aquellos recursos, tangibles e intangibles, que poseen valor para una organización y que necesitan ser protegidos. Estos activos pueden incluir desde datos confidenciales, documentos estratégicos y sistemas de software hasta infraestructuras tecnológicas y el conocimiento de los empleados.

La identificación y valoración de los activos son pasos fundamentales en cualquier estrategia de seguridad de la información, ya que permiten priorizar recursos y esfuerzos para proteger lo que realmente importa.

1. **Identificación de activos**: El proceso de identificación de activos es más que un simple ejercicio administrativo; es la columna vertebral de una estrategia sólida de seguridad. Este paso comienza con un inventario meticuloso que no solo enumere los activos tangibles e intangibles, sino que también considere las relaciones y dependencias entre ellos. Cada activo debe ser analizado desde una perspectiva global, abarcando:

- **Datos digitales:** Imagina una organización que gestiona enormes bases de datos de clientes. Estos datos, que incluyen historiales de compras, preferencias y métodos de pago, no solo son vitales para las operaciones diarias, sino que también representan un atractivo objetivo para los atacantes. La inclusión de correos electrónicos corporativos y documentos almacenados en la nube amplía la superficie de análisis, destacando la importancia de proteger estos activos.

- **Activos físicos:** Los servidores y equipos de red no son meros dispositivos tecnológicos; son los pilares que sostienen el flujo de datos y procesos críticos. Portátiles y dispositivos de almacenamiento, a menudo olvidados en inventarios, pueden contener información sensible y deben estar debidamente registrados.

- ⇨ **Activos intangibles:** Aquí entra en juego la propiedad intelectual, que incluye patentes, diseños y fórmulas propietarias, elementos que podrían definir el éxito competitivo de la organización. Procedimientos y relaciones con clientes también forman parte de esta categoría, subrayando su valor estratégico.

- ⇨ **Recursos humanos:** Más allá de ser empleados, las personas son portadoras de conocimientos especializados y habilidades únicas. Identificar estas competencias permite entender su papel en la continuidad operativa y en la resiliencia de la organización ante incidentes.

La identificación también requiere categorizar cada activo en términos de su relevancia y su exposición a riesgos, lo que proporciona una base para priorizar medidas de protección.

2. **Valoración de activos**: va más allá de asignar etiquetas de "alto" o "bajo" valor. Este paso exige un análisis profundo que considere:

   - ⇨ **Valor económico:** ¿Cuánto costaría no solo reemplazar un activo, sino también mitigar las pérdidas asociadas a su indisponibilidad? Por ejemplo, un servidor comprometido podría detener no solo operaciones, sino también procesos de facturación y atención al cliente.

   - ⇨ **Impacto en la operación:** Analizar el efecto dominó de un activo comprometido. Un ataque a una base de datos de clientes no solo afecta la entrega de servicios, sino que podría poner en riesgo contratos clave.

   - ⇨ **Cumplimiento normativo:** En sectores como la salud o las finanzas, el incumplimiento de regulaciones puede resultar en multas multimillonarias y pérdida de licencias. Identificar activos regulados permite alinear esfuerzos de seguridad con los requerimientos legales.

   - ⇨ **Reputación:** ¿Qué tan dañado quedaría el prestigio de la organización si un activo clave, como información confidencial de clientes, se filtrara? Las pérdidas intangibles relacionadas con la confianza del cliente y la percepción pública pueden ser irreparables.

Para llevar a cabo este análisis, las organizaciones pueden utilizar herramientas como matrices de riesgo o frameworks estandarizados como ISO/IEC 27005. La clave está en contextualizar los resultados para que reflejen las prioridades y realidades específicas de la organización.

Importancia del proceso: Más que un requisito técnico, la identificación y valoración de activos es un ejercicio estratégico que sitúa a la seguridad de la información como un facilitador del negocio. Al comprender el valor de cada recurso, la organización puede diseñar planes de seguridad personalizados, asignar presupuestos con precisión quirúrgica y, lo más importante, garantizar la continuidad y resiliencia en un entorno de amenazas constante. Este enfoque no solo protege a la organización, sino que también la posiciona como una entidad confiable y preparada para enfrentar los desafíos de un mundo digital.

4.2. Conoce a tu enemigo y conócete a ti mismo

El proverbio de Sun Tzu en "El arte de la guerra" es tan aplicable a la seguridad de la información como lo es a la estrategia militar: "Si conoces al enemigo y te conoces a ti mismo, no debes temer el resultado de cien batallas". Este principio subraya la importancia de comprender no solo las amenazas externas, sino también las vulnerabilidades internas que podrían ser explotadas.

1. **Conoce a tu enemigo**

En el vasto y dinámico panorama de la seguridad de la información, el "enemigo" es un concepto fluido que abarca diversas amenazas. Puede tratarse de ciberdelincuentes con fines lucrativos, dispuestos a explotar vulnerabilidades para robar datos o dinero. O quizás sean competidores desleales que buscan obtener ventajas mediante espionaje corporativo. Incluso dentro de la organización pueden existir actores internos, algunos por error y otros con intenciones maliciosas, que representan riesgos significativos.

Para entender y mitigar estas amenazas, es fundamental realizar un análisis exhaustivo que aborde varios ángulos:

- **Tendencias globales:** La evolución de las amenazas cibernéticas no se detiene. Los ataques de ransomware, por ejemplo, han alcanzado niveles alarmantes, paralizando operaciones empresariales y exigiendo sumas exorbitantes a cambio de liberar datos. El phishing ha pasado de ser un simple correo engañoso a complejas campañas de ingeniería social altamente personalizadas. Además, las vulnerabilidades en software obsoleto continúan siendo una puerta abierta para atacantes sofisticados.
- **Perfil del atacante:** Comprender quién es el adversario es esencial. Podría ser un hacker solitario motivado por el desafío o el reconocimiento; un grupo organizado, como los notorios grupos de ransomware; o incluso actores respaldados por un estado-nación, con recursos prácticamente ilimitados. Conocer sus motivaciones y capacidades permite anticipar sus tácticas y planificar defensas adecuadas.
- **Métodos comunes:** Los atacantes utilizan un repertorio variado de herramientas y técnicas. Desde estrategias de engaño, como la suplantación de identidad en correos electrónicos, hasta ataques técnicos como la explotación de fallos en sistemas desactualizados. Analizar incidentes previos y estudiar patrones de ataque ayuda a prever futuras amenazas y preparar respuestas efectivas.

Entendiendo las Amenazas de Seguridad de la Información

Al adoptar esta perspectiva, las organizaciones no solo fortalecen sus defensas, sino que también desarrollan la agilidad necesaria para enfrentarse a un panorama de amenazas en constante evolución.

2. **Conócete a ti mismo**

En el dinámico y desafiante ámbito de la seguridad de la información, conocerse a sí mismo significa comprender profundamente las fortalezas y debilidades de la propia organización. Este autoconocimiento es la clave para identificar vulnerabilidades críticas y diseñar estrategias efectivas que fortalezcan la postura de seguridad corporativa.

El camino hacia este entendimiento comienza con un análisis honesto y detallado de los sistemas y procesos existentes. Realizar auditorías exhaustivas y pruebas de penetración no solo revela puntos débiles en la infraestructura tecnológica, sino que también destaca fallos operativos o de diseño que podrían ser aprovechados por atacantes malintencionados.

Estas evaluaciones permiten a la organización anticiparse a problemas y abordarlos antes de que se conviertan en incidentes.

Además, el mapeo de activos críticos es esencial para priorizar esfuerzos. Imagina un centro de datos donde la interrupción de un servidor clave pueda paralizar operaciones esenciales durante horas, o una empresa que dependa de una única plataforma de gestión de clientes para coordinar sus ventas. Entender cuáles son estos recursos vitales, cómo interactúan entre sí y cuál sería el impacto de su pérdida proporciona claridad sobre dónde enfocar las medidas de protección.

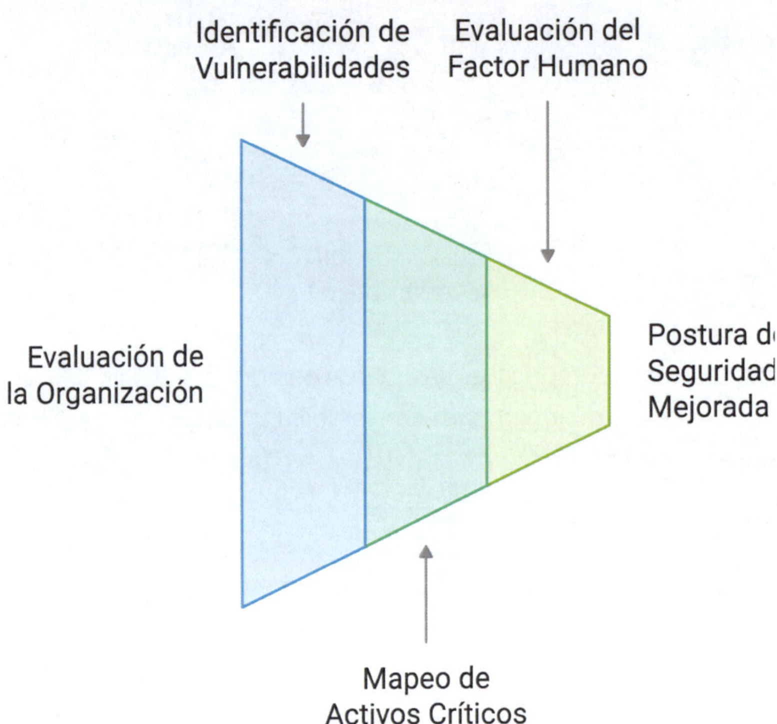

Por último, ningún análisis estaría completo sin considerar el factor humano. Los empleados son tanto la primera línea de defensa como un posible punto de vulnerabilidad. Evaluar el nivel de concienciación en seguridad cibernética dentro del equipo y establecer programas de formación adaptados a diferentes roles y niveles jerárquicos puede cerrar brechas de conocimiento y reducir riesgos.

Una fuerza laboral informada es un activo estratégico que actúa como un escudo adicional contra ataques externos e internos.

♦ Estrategias para la victoria

Adoptar un enfoque proactivo frente a las amenazas requiere tanto conocimiento como preparación constante. Conocer al enemigo y conocerse a uno mismo no es solo un principio filosófico; es una guía práctica para las organizaciones que buscan asegurar su información en un entorno de riesgo continuo. Estas estrategias implican:

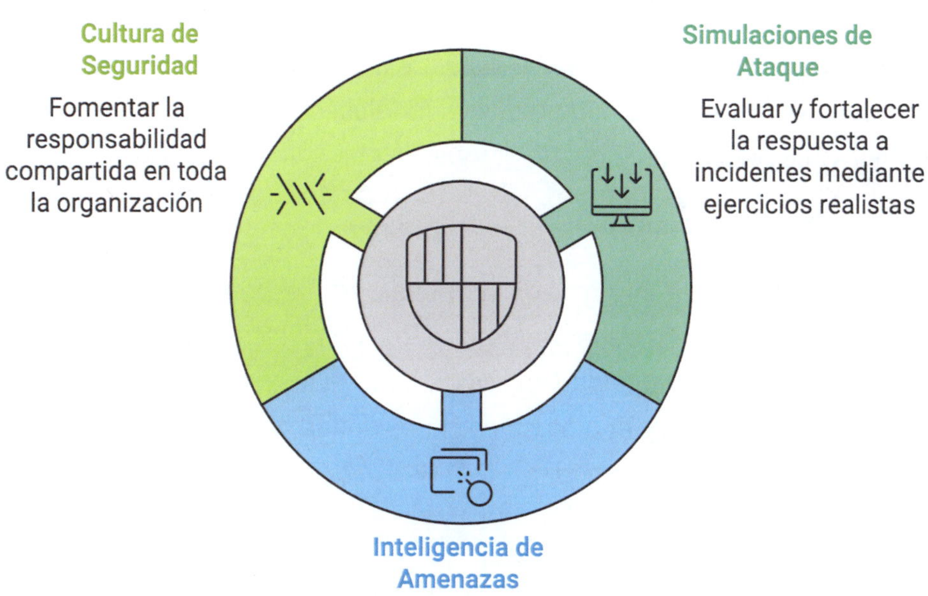

⇨ Simulaciones de ataque

Las simulaciones son herramientas esenciales para evaluar y fortalecer la capacidad de respuesta ante incidentes. Imagina un ejercicio que recree un ataque de phishing altamente sofisticado dirigido a los empleados de una organización.

Este tipo de simulación no solo prueba la capacidad de los sistemas para detectar y bloquear amenazas, sino que también mide cómo los empleados reaccionan ante correos sospechosos o intentos de engaño. Los resultados de estas pruebas ofrecen información valiosa para ajustar políticas, entrenar al personal y optimizar herramientas de seguridad.

⇨ **Implementación de inteligencia de amenazas**

La inteligencia de amenazas es como tener ojos en todas partes del ciberespacio. Aprovechar fuentes externas y herramientas avanzadas permite a las organizaciones anticipar posibles movimientos de los atacantes.

Por ejemplo, monitorizar foros oscuros donde ciberdelincuentes comparten información sobre vulnerabilidades recién descubiertas puede alertar a la empresa para actualizar software crítico antes de que se convierta en un objetivo. Esta capacidad predictiva fortalece las defensas y minimiza la sorpresa ante nuevos vectores de ataque.

⇨ **Cultura de seguridad**

La seguridad de la información no puede ser responsabilidad exclusiva del departamento de TI; debe permear todos los niveles de la organización. Una cultura sólida de seguridad implica fomentar la colaboración activa entre departamentos y establecer protocolos claros donde cada empleado entienda su rol en la protección de activos.

Esto incluye desde directivos que lideren con el ejemplo hasta empleados de primera línea que sigan buenas prácticas diarias, como evitar el uso de contraseñas débiles o reportar actividades sospechosas sin temor a represalias. Crear un entorno donde la seguridad sea vista como una responsabilidad compartida transforma a toda la organización en una línea de defensa efectiva.

Este enfoque integral no solo fortalece las defensas de la organización, sino que también la prepara para adaptarse a un panorama de amenazas en constante evolución.

5. Tácticas de ataque y concepto de hacking

5.1. Principales amenazas y vulnerabilidades

El mundo de la ciberseguridad está en constante evolución, con nuevas amenazas emergiendo cada día y vulnerabilidades siendo descubiertas en sistemas previamente considerados seguros. Para proteger una organización de manera efectiva, es fundamental entender las amenazas más comunes y las vulnerabilidades que estas explotan.

5.1.1. Amenazas comunes en el entorno digital:

1. **Ataques de ransomware**

Este tipo de amenaza se ha convertido en uno de los mayores desafíos de la ciberseguridad moderna, afectando a organizaciones de todos los tamaños y sectores. Los ataques de ransomware implican el cifrado de datos esenciales para una organización, dejando a las víctimas sin acceso a su propia información y operaciones. A menudo, los atacantes exigen un rescate en criptomonedas a cambio de proporcionar la clave de desencriptación.

Los ciberdelincuentes emplean diversas tácticas para iniciar estos ataques. Los correos electrónicos de phishing son una vía común, presentándose como mensajes legítimos para engañar a los empleados y hacer que descarguen archivos maliciosos. Otra técnica habitual es aprovechar vulnerabilidades conocidas en sistemas desactualizados, como fue el caso del famoso ataque WannaCry, que explotó una brecha en Windows.

Las consecuencias de un ataque de ransomware son múltiples y devastadoras. Las pérdidas financieras no se limitan al rescate exigido, sino que también incluyen la interrupción de operaciones, los costos de recuperación y posibles multas por incumplimiento normativo. Además, el daño reputacional puede alejar a clientes y socios comerciales, generando un impacto a largo plazo. Un ejemplo emblemático fue el ataque a Colonial Pipeline, donde la paralización de las operaciones afectó no solo a la empresa, sino también a la distribución de combustible en Estados Unidos.

Para protegerse contra el ransomware, las organizaciones deben adoptar una estrategia integral que incluya la formación continua de los empleados, la implementación de sistemas avanzados de detección y respuesta a amenazas, y la realización de copias de seguridad periódicas que estén protegidas contra accesos no autorizados. Asimismo, el monitoreo proactivo de redes y la actualización constante de software son medidas imprescindibles para prevenir estas incursiones.

2. **Phishing y sus variantes**

Los ataques de phishing son estrategias de engaño cuidadosamente diseñadas para explotar las emociones y la confianza de las víctimas. Mediante correos electrónicos, mensajes de texto o incluso llamadas telefónicas, los atacantes se hacen pasar por entidades confiables para manipular psicológicamente a los usuarios y persuadirlos de revelar información sensible como credenciales de inicio de sesión, datos bancarios o números de seguridad social.

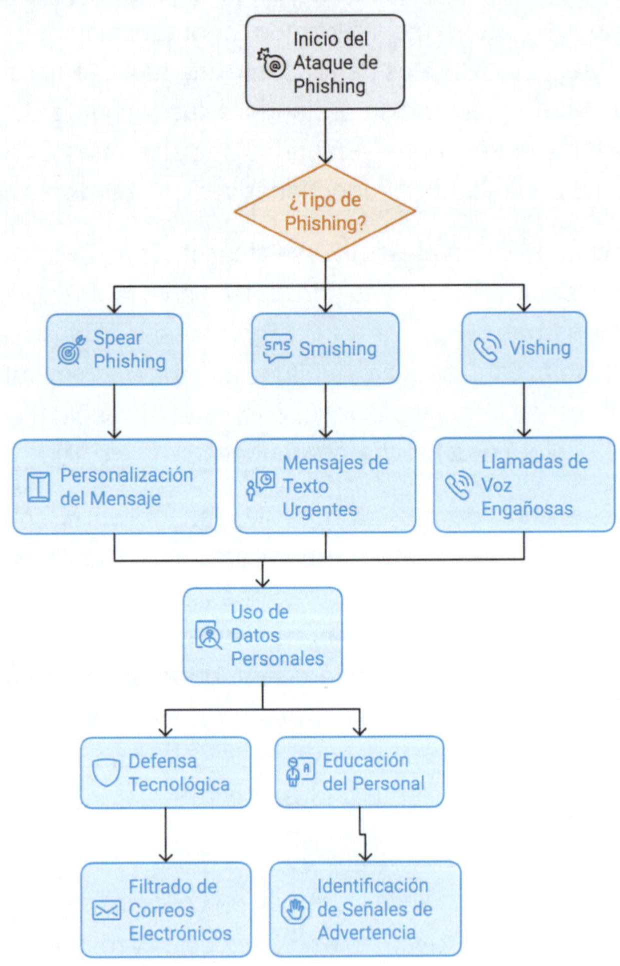

Una variante notable es el spear phishing, donde los atacantes personalizan los mensajes para dirigirse a objetivos específicos, como ejecutivos de alto nivel o empleados con acceso a información crítica. Este enfoque utiliza detalles personales obtenidos previamente para hacer el mensaje más creíble, aumentando significativamente las tasas de éxito del ataque.

Por otro lado, el smishing traslada estas tácticas al ámbito de los mensajes de texto, aprovechando la inmediatez y la percepción de urgencia que este medio genera. Por ejemplo, un mensaje que afirma provenir de una entidad bancaria podría instar al destinatario a hacer clic en un enlace para verificar una transacción sospechosa, redirigiéndolo a un sitio web falso diseñado para capturar sus credenciales.

Además, en los últimos años ha surgido el vishing, una variante que utiliza llamadas de voz para engañar a las víctimas. En estos casos, los atacantes suelen hacerse pasar por representantes de soporte técnico o personal de instituciones financieras, utilizando tonos persuasivos y detalles técnicos para ganar la confianza de la víctima.

Combatir estas amenazas requiere una combinación de tecnología y formación. Las herramientas de filtrado de correos electrónicos y detección de enlaces maliciosos son esenciales, pero la educación del personal es igualmente crucial. Los empleados deben aprender a identificar señales de advertencia, como mensajes que generan urgencia excesiva, errores gramaticales o direcciones de remitente sospechosas. Con una vigilancia constante y una cultura organizacional de seguridad, las organizaciones pueden reducir significativamente el impacto del phishing y sus variantes.

3. **Explotación de vulnerabilidades de software**

Los sistemas que no se actualizan regularmente se convierten en blancos evidentes para los atacantes, ya que las vulnerabilidades conocidas ofrecen puertas abiertas para comprometer la seguridad de una organización. Estas brechas suelen surgir debido a errores en el desarrollo del código de aplicaciones, sistemas operativos o configuraciones de red, y son aprovechadas por los atacantes para ejecutar diversas acciones maliciosas, desde la instalación de malware hasta el robo de datos sensibles.

Un ejemplo paradigmático es EternalBlue, un exploit que aprovechó una vulnerabilidad en el protocolo SMB de Microsoft Windows. Esta herramienta, filtrada de la Agencia de Seguridad Nacional de EE.UU. (NSA), fue utilizada en ataques masivos como WannaCry y NotPetya, causando pérdidas de miles de millones de dólares a nivel global y afectando sectores críticos como la salud y la logística. Este caso ilustra cómo una vulnerabilidad conocida y no parcheada puede ser devastadora a gran escala.

Además, el tiempo entre el descubrimiento de una vulnerabilidad y su explotación por parte de los atacantes, conocido como "ventana de exposición", se está reduciendo drásticamente. Los atacantes sofisticados monitorean constantemente las actualizaciones de seguridad lanzadas por los fabricantes para identificar debilidades antes de que las organizaciones implementen los parches correspondientes.

Combatir estas amenazas requiere un enfoque proactivo. Las organizaciones deben mantener un riguroso calendario de actualizaciones y utilizar herramientas de gestión de parches que garanticen la corrección rápida de vulnerabilidades. Asimismo, realizar pruebas regulares de penetración y auditorías de seguridad ayuda a identificar y mitigar fallas antes de que puedan ser explotadas.

Este enfoque, combinado con una formación continua del personal y el uso de sistemas de detección de intrusos, fortalece significativamente la capacidad de respuesta frente a este tipo de amenazas.

4. **Ataques distribuidos de denegación de servicio (DDoS)**

Los ataques DDoS se han convertido en una de las amenazas más comunes y disruptivas en el ámbito de la ciberseguridad. En esencia, estos ataques buscan saturar un sistema, servidor o red mediante una avalancha de solicitudes simultáneas, lo que provoca su colapso y lo hace inaccesible para los usuarios legítimos.

A menudo, los atacantes emplean redes de bots (botnets), que consisten en miles o incluso millones de dispositivos infectados que son controlados de manera remota para coordinar el ataque.

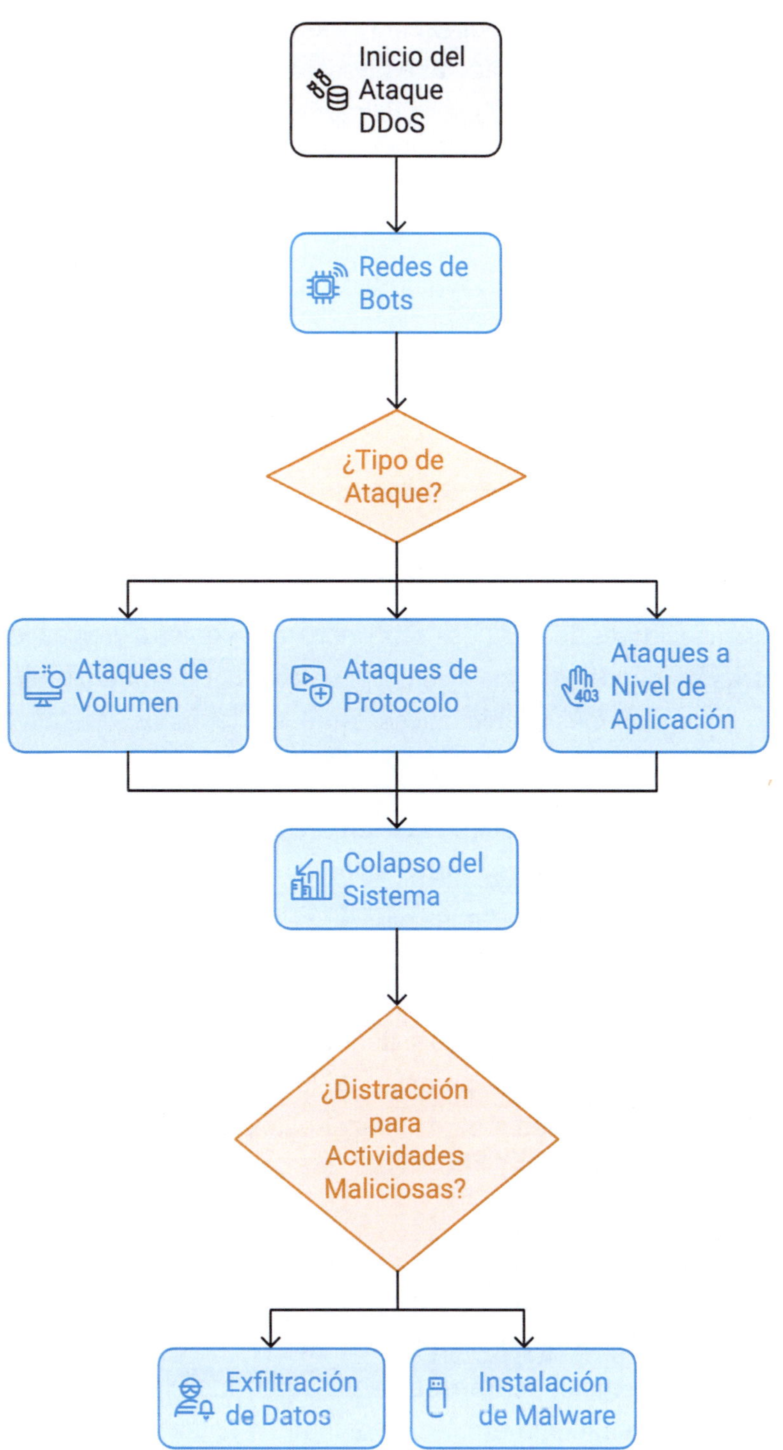

Inicio del Ataque DDoS
Redes de Bots
¿Tipo de Ataque?
Ataques de Volumen
Ataques de Protocolo
Ataques a Nivel de Aplicación
403
Colapso del Sistema
¿Distracción para Actividades Maliciosas?
Exfiltración de Datos
Instalación de Malware

Un aspecto particularmente preocupante de los ataques DDoS es su capacidad para servir como distracción. Mientras los equipos de TI trabajan para restaurar los servicios afectados, los atacantes pueden aprovechar la confusión para realizar actividades maliciosas adicionales, como exfiltración de datos o instalación de malware en sistemas vulnerables.

Existen varias formas de ataques DDoS, incluidas:

⇨ **Ataques de volumen:** Saturan el ancho de banda disponible con tráfico masivo.

⇨ **Ataques de protocolo:** Apuntan a las debilidades en protocolos de comunicación, como el protocolo TCP/IP.

⇨ **Ataques a nivel de aplicación:** Enfocados en aplicaciones específicas, como servidores web o bases de datos, haciendo que se vuelvan inestables o inoperables.

Ejemplos recientes de ataques DDoS incluyen eventos a gran escala contra proveedores de servicios en la nube y plataformas de comercio electrónico, causando interrupciones significativas tanto en términos operativos como financieros.

Para mitigar estos ataques, las organizaciones deben adoptar una combinación de estrategias preventivas y reactivas. Esto incluye la implementación de servicios especializados de mitigación DDoS, el uso de redes de distribución de contenido (CDN) para distribuir la carga, y la adopción de configuraciones avanzadas en firewalls y routers que filtren el tráfico malicioso antes de que alcance los sistemas críticos. Además, los simulacros regulares de incidentes y la preparación de los equipos de TI para responder rápidamente son esenciales para minimizar el impacto de estos ataques.

5. **Ataques internos**

Las amenazas internas representan un desafío único en la ciberseguridad, ya que provienen de personas con acceso legítimo a los sistemas de la organización. Estos ataques pueden ser el resultado de intenciones maliciosas, como empleados descontentos que buscan causar daño, o de acciones negligentes, como errores involuntarios cometidos por personal no capacitado.

Los ataques internos son particularmente peligrosos porque los actores ya cuentan con privilegios para acceder a datos y sistemas críticos. Por ejemplo, un empleado que tiene acceso a la base de datos de clientes podría filtrar información confidencial a competidores o venderla en mercados clandestinos. Asimismo, un error humano, como enviar un correo electrónico con información sensible a un destinatario incorrecto, también puede desencadenar graves problemas de seguridad.

Detectar estos ataques requiere un enfoque integral que combine tecnología y procesos. El monitoreo continuo de actividades, mediante herramientas de análisis de comportamiento de usuarios (UBA, por sus siglas en inglés), permite identificar patrones anómalos, como accesos a datos fuera de horarios habituales o descargas masivas de archivos. Además, establecer políticas claras de acceso basado en roles asegura que los empleados solo puedan interactuar con los sistemas y datos necesarios para sus funciones.

La prevención también depende de una sólida cultura organizacional de seguridad. Esto incluye la capacitación periódica del personal, el establecimiento de canales seguros para denunciar comportamientos sospechosos y la implementación de controles estrictos en la gestión de accesos. Al abordar de manera proactiva las amenazas internas, las organizaciones pueden mitigar riesgos que, aunque difíciles de anticipar, tienen el potencial de causar daños significativos.

5.1.2. **Vulnerabilidades que facilitan los ataques:**

1. **Contraseñas débiles o reutilizadas**

Las contraseñas representan una de las líneas de defensa más básicas, pero también una de las más vulnerables en la seguridad de la información. A pesar de los avances en tecnologías de autenticación, como el uso de biometría o tokens físicos, muchas organizaciones y usuarios siguen dependiendo de contraseñas que son fáciles de adivinar o que se reutilizan en múltiples plataformas, exponiendo sistemas críticos a ataques. Por ejemplo, contraseñas comunes como "123456" o "password" son sistemáticamente probadas por atacantes que emplean técnicas de fuerza bruta.

Además, los atacantes utilizan herramientas avanzadas, como bases de datos filtradas de credenciales antiguas, para realizar ataques de relleno de credenciales (credential stuffing), en los cuales prueban combinaciones de usuario y contraseña en varios servicios hasta encontrar una coincidencia. Esto es especialmente efectivo en casos donde los usuarios reutilizan sus contraseñas en diferentes cuentas.

Para mitigar este riesgo, es fundamental implementar buenas prácticas de gestión de contraseñas. Estas incluyen el uso de gestores de contraseñas que generen claves únicas y robustas, la implementación de autenticación multifactor (MFA) y la educación continua de los usuarios sobre la importancia de cambiar sus credenciales periódicamente. Además, los sistemas deben estar diseñados para detectar intentos repetidos de inicio de sesión y bloquear cuentas ante actividades sospechosas. Con estas medidas, las organizaciones pueden fortalecer su primera línea de defensa contra los ciberataques.

2. **Falta de actualizaciones**

La ausencia de parches de seguridad convierte a los sistemas en objetivos claros y recurrentes para los atacantes. Este problema no solo afecta a pequeñas organizaciones con recursos limitados, sino también a grandes corporaciones que, a pesar de su infraestructura robusta, a menudo enfrentan dificultades para mantener sus sistemas completamente actualizados.

Las brechas de seguridad más significativas de la última década, como el ataque masivo de WannaCry, ilustran los riesgos de no implementar actualizaciones a tiempo. WannaCry explotó una vulnerabilidad conocida en el protocolo SMB de Windows que ya tenía un parche disponible, pero muchas organizaciones no lo habían aplicado debido a la falta de procesos efectivos de gestión de parches o a la subestimación de la amenaza. Este incidente causó interrupciones a nivel mundial, afectando sectores críticos como la salud, donde hospitales en varios países tuvieron que cancelar operaciones debido a la imposibilidad de acceder a sus sistemas.

Los atacantes aprovechan estas brechas conocidas, a menudo referidas como "vulnerabilidades de día cero prolongadas", para lanzar campañas automatizadas que exploran miles de sistemas en busca de versiones desactualizadas.

Además, el tiempo entre el anuncio de una vulnerabilidad y su explotación activa se ha reducido drásticamente, lo que amplifica la urgencia de mantener los sistemas actualizados.

Para mitigar este riesgo, las organizaciones deben implementar políticas rigurosas de gestión de parches, que incluyan la evaluación regular de vulnerabilidades, la priorización de actualizaciones críticas y la automatización de procesos siempre que sea posible. También es fundamental realizar pruebas previas en entornos controlados para garantizar que los parches no introduzcan nuevas inestabilidades. En última instancia, la inversión en soluciones de seguridad que monitoreen continuamente los sistemas y alerten sobre posibles brechas puede ser la diferencia entre prevenir un ataque o enfrentar sus devastadoras consecuencias.

3. **Errores de configuración**

La configuración incorrecta de sistemas y servicios representa una de las principales causas de brechas de seguridad en las organizaciones. Bases de datos abiertas al público, firewalls mal configurados y servicios en la nube expuestos sin restricciones de acceso son ejemplos claros de cómo errores humanos o la falta de procesos adecuados pueden abrir puertas a los atacantes.

Las bases de datos mal configuradas, por ejemplo, permiten a los atacantes acceder libremente a información sensible sin necesidad de credenciales. En 2019, se descubrieron múltiples bases de datos de clientes expuestas en internet, afectando a millones de usuarios y causando daños irreparables a las empresas involucradas.

Otro ejemplo recurrente es la configuración deficiente de firewalls, que puede permitir el acceso no autorizado a redes internas. Estos errores suelen originarse por políticas predeterminadas que no se ajustan a las necesidades específicas de la organización o por cambios realizados sin una adecuada verificación.

Los servicios en la nube también son vulnerables a errores de configuración. Un almacenamiento mal configurado en plataformas como AWS o Azure puede exponer datos confidenciales a nivel global, con un solo error humano siendo suficiente para comprometer miles de registros.

Para prevenir estos problemas, es crucial implementar procesos sólidos de gestión de configuración, incluidas auditorías regulares, políticas claras y herramientas automatizadas de análisis. Además, es fundamental capacitar al personal técnico en mejores prácticas y mantener una supervisión continua de los sistemas para identificar y corregir configuraciones erróneas antes de que puedan ser explotadas.

4. **Ingeniería social:**

La ingeniería social es una táctica que explota una de las vulnerabilidades más antiguas y constantes: la debilidad humana. Los atacantes se basan en el engaño y la manipulación psicológica para persuadir a las personas de realizar acciones que comprometen la seguridad de la organización.

A diferencia de los ataques técnicos, la ingeniería social apunta directamente a los empleados, utilizándolos como puertas de entrada a sistemas internos o información confidencial.

Las estrategias de ingeniería social son variadas y sofisticadas. Entre las más comunes se encuentran:

- ⇨ **Phishing emocional:** Correos electrónicos que apelan a emociones como el miedo o la urgencia, solicitando acciones inmediatas como hacer clic en enlaces maliciosos o compartir contraseñas. Por ejemplo, un correo que aparenta ser de un superior solicitando acceso urgente a un informe crítico.

- ⇨ **Pretexting:** Los atacantes construyen escenarios ficticios para ganar la confianza de la víctima. Un ejemplo clásico es alguien que se hace pasar por un técnico de TI que necesita acceso al sistema para resolver un problema.

- ⇨ **Tailgating:** En el ámbito físico, los atacantes pueden aprovechar la cortesía de los empleados para acceder a instalaciones restringidas siguiendo a alguien que abre la puerta sin cuestionar.

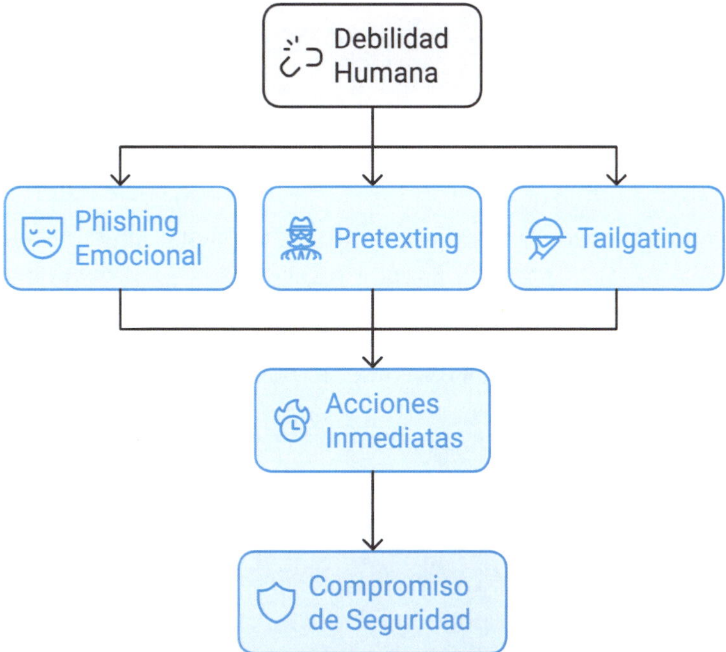

Además, con el auge de las redes sociales, los atacantes pueden recopilar información detallada sobre sus objetivos, como nombres de familiares, fechas importantes o aficiones, lo que aumenta la credibilidad de sus intentos de engaño.

Para contrarrestar estas tácticas, las organizaciones deben priorizar la formación constante de su personal. Los programas de concienciación en ciberseguridad deben incluir simulaciones de ataques de ingeniería social, como campañas de phishing controladas, para entrenar a los empleados en la identificación de señales de alerta. Asimismo, fomentar una cultura de seguridad donde los empleados se sientan capacitados para cuestionar solicitudes inusuales puede marcar la diferencia entre un ataque exitoso y uno frustrado.

5. **Falta de segmentación de redes**

La segmentación de redes es una medida esencial para prevenir la propagación de ataques dentro de una organización. Sin esta práctica, las redes no segmentadas permiten que los atacantes, una vez dentro, se muevan lateralmente a través de diferentes sistemas y recursos, aumentando significativamente el alcance y la gravedad del daño potencial.

Este movimiento lateral puede darles acceso a bases de datos críticas, sistemas financieros o incluso a entornos de desarrollo, todo sin abandonar la red comprometida.

Por ejemplo, en el famoso ataque a Target en 2013, los ciberdelincuentes accedieron inicialmente a la red a través de un proveedor externo. Sin una segmentación adecuada, lograron infiltrarse en los sistemas de pago, lo que resultó en el robo de datos de más de 40 millones de tarjetas de crédito. Este incidente subraya cómo la falta de segmentación facilita que los atacantes comprometan múltiples activos con un único punto de entrada.

La segmentación efectiva implica dividir la red en subredes más pequeñas, cada una con controles de acceso específicos y políticas de seguridad adaptadas a su nivel de sensibilidad. Además, el uso de firewalls internos, listas de control de acceso (ACL) y redes definidas por software (SDN) puede restringir aún más el tráfico entre segmentos, dificultando el movimiento de los atacantes.

También es crucial implementar monitoreo continuo para detectar actividades inusuales dentro de la red segmentada. Herramientas como sistemas de detección y prevención de intrusiones (IDS/IPS) pueden alertar sobre intentos de acceso no autorizado entre segmentos. Con esta estrategia, incluso si un atacante logra penetrar en la red, su capacidad para moverse y causar daño estará significativamente limitada, protegiendo los activos más valiosos de la organización.

Impacto de estas amenazas y vulnerabilidades

El impacto de estas amenazas no se limita a pérdidas financieras inmediatas; también incluye daños a la reputación, interrupciones operativas y posibles sanciones regulatorias. En un mundo donde la información es un recurso clave, las organizaciones deben estar constantemente vigilantes y adaptarse para enfrentar un panorama de riesgos en constante cambio.

En los próximos apartados, exploraremos herramientas como el árbol de ataque y las listas de amenazas, que permiten diseñar estrategias más efectivas para mitigar estos riesgos.

5.2. Árbol de ataque y listas de amenazas

El árbol de ataque y las listas de amenazas son herramientas clave para entender, visualizar y mitigar los riesgos a los que se enfrenta una organización. Estas herramientas permiten a los equipos de ciberseguridad anticipar las posibles rutas de ataque que un adversario podría seguir, asignar prioridades a las vulnerabilidades críticas y diseñar estrategias de defensa efectivas.

Concepto de árbol de ataque

Un árbol de ataque es una representación gráfica de los pasos que un atacante podría tomar para alcanzar un objetivo específico. Este enfoque desglosa las amenazas en subobjetivos, mostrando cómo un atacante podría explotar vulnerabilidades específicas en sistemas, redes o procesos.

Por ejemplo, un objetivo final podría ser acceder a una base de datos confidencial. El árbol podría incluir subobjetivos como:

- Comprometer credenciales de usuario mediante phishing.
- Explorar vulnerabilidades en el servidor de la base de datos.
- Utilizar movimientos laterales desde un dispositivo comprometido en la red.

Este método no solo ayuda a los defensores a identificar las debilidades, sino que también permite priorizar recursos hacia las vulnerabilidades que presentan mayor riesgo.

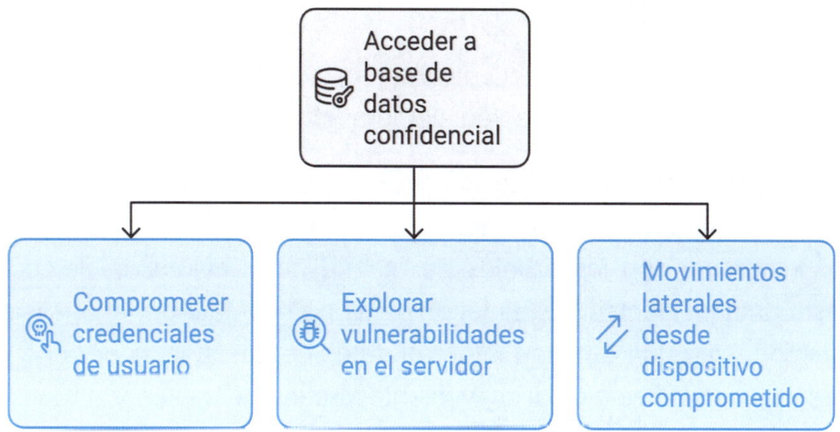

Listas de amenazas

Las listas de amenazas recopilan y clasifican los peligros más relevantes que afectan a una organización. Estas listas pueden ser internas, basadas en experiencias previas y evaluaciones de riesgo, o externas, utilizando marcos como MITRE ATT&CK, que documenta técnicas y tácticas de ataque conocidas.

Herramientas específicas

Hoy en día, existen plataformas avanzadas y especializadas que facilitan la construcción y gestión de árboles de ataque y listas de amenazas, proporcionando a los equipos de ciberseguridad una ventaja estratégica. Herramientas como Maltego, ATT&CK Navigator de MITRE y ThreatModeler permiten visualizar de manera gráfica las rutas de ataque, identificar vulnerabilidades críticas y priorizar recursos para mitigarlas.

- **Maltego:** Esta herramienta es ampliamente utilizada para el análisis de vínculos y la recopilación de inteligencia. Su capacidad para mapear relaciones entre datos aparentemente inconexos la convierte en una aliada poderosa para entender los vectores de ataque.
- **ATT&CK Navigator de MITRE:** Este marco ofrece una base de datos comprensiva de tácticas, técnicas y procedimientos (TTPs) utilizados por atacantes conocidos. Los equipos de seguridad pueden personalizar mapas de ataques basados en su infraestructura específica, lo que facilita identificar posibles brechas.
- **ThreatModeler:** Diseñada para la modelización de amenazas, esta plataforma permite automatizar la creación de árboles de ataque y conectar estos con datos de inteligencia de amenazas en tiempo real. Esto asegura que los modelos de riesgo estén siempre actualizados.

Además, herramientas como Cortex XSOAR (para la orquestación de respuestas) y Splunk (para la correlación de eventos y monitoreo de seguridad) pueden integrarse con los árboles de ataque para mejorar la detección y respuesta ante incidentes. Estas tecnologías no solo facilitan el análisis y la visualización, sino que también integran datos de inteligencia de amenazas globales, ayudando a anticipar movimientos de los atacantes y a reaccionar de forma más eficiente.

Al combinar estas plataformas con buenas prácticas, como la formación continua del personal y la realización de simulaciones periódicas, las organizaciones pueden construir defensas más sólidas, dinámicas y adaptadas a su panorama de riesgos específico. La integración de herramientas y procesos asegura que las defensas no solo respondan a las amenazas actuales, sino que evolucionen junto con el entorno de amenazas.

6. Vulnerabilidades en diferentes sistemas

6.1. Vulnerabilidades en sistemas Windows

Los sistemas operativos Windows son ampliamente utilizados en entornos empresariales y personales, lo que los convierte en un objetivo atractivo para los atacantes. Su popularidad, combinada con su complejidad y la cantidad de versiones activas, contribuye a la existencia de numerosas vulnerabilidades que pueden ser explotadas si no se gestionan adecuadamente.

6.1.1. Principales vulnerabilidades en sistemas Windows:

1. **Vulnerabilidades de seguridad no parcheadas**

Los sistemas Windows, como cualquier otro software, pueden contener fallos en su código que permitan el acceso no autorizado o la ejecución remota de código malicioso. Estas vulnerabilidades pueden variar desde errores menores hasta brechas críticas que comprometan por completo la seguridad de una organización.

Aunque Microsoft lanza actualizaciones y parches de seguridad de manera regular, muchos sistemas no se actualizan oportunamente debido a la falta de procesos de gestión de parches o al temor de que las actualizaciones interrumpan las operaciones.

- ⇨ **Ventana de explotación:** Esta fase crítica entre la identificación de una vulnerabilidad y su parcheo efectivo es ampliamente explotada por los atacantes, quienes lanzan herramientas automatizadas para buscar sistemas vulnerables en internet.

⇨ **Ejemplo notable:** La vulnerabilidad EternalBlue en el protocolo SMBv1, que fue explotada por el ransomware WannaCry, afectó a miles de sistemas Windows en todo el mundo. Aunque Microsoft lanzó un parche meses antes del ataque, la falta de implementación rápida permitió que este incidente escalara hasta convertirse en una crisis global.

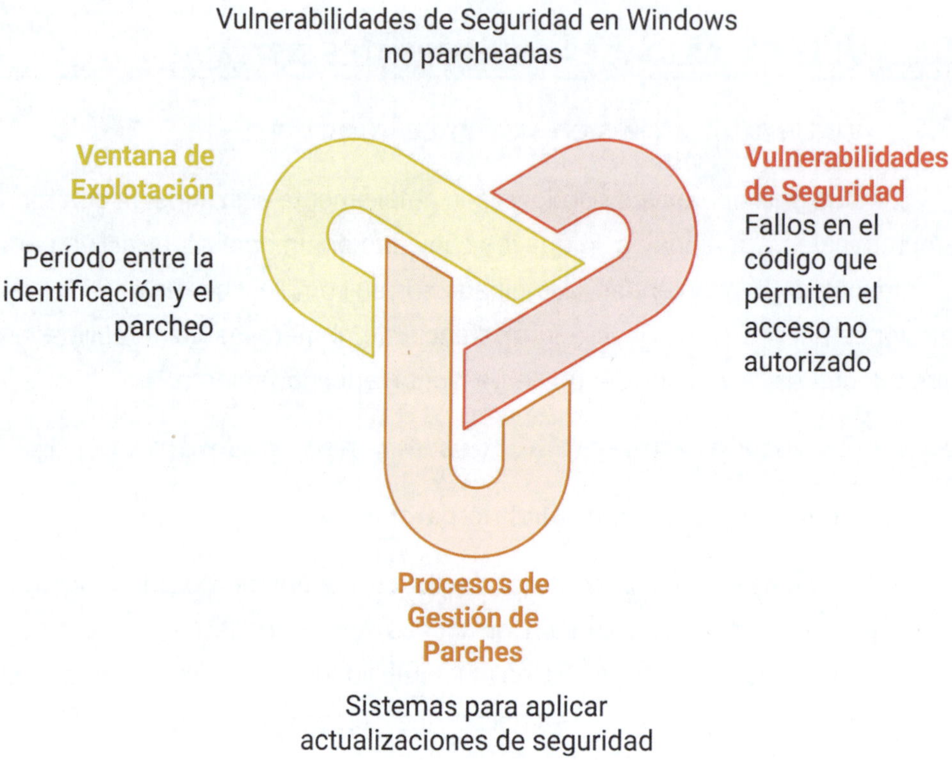

Vulnerabilidades de Seguridad en Windows no parcheadas

Ventana de Explotación

Período entre la identificación y el parcheo

Vulnerabilidades de Seguridad

Fallos en el código que permiten el acceso no autorizado

Procesos de Gestión de Parches

Sistemas para aplicar actualizaciones de seguridad

Además, con el crecimiento del Internet de las Cosas (IoT), muchos dispositivos conectados que ejecutan versiones adaptadas de Windows también se ven afectados por vulnerabilidades no parcheadas, expandiendo la superficie de ataque para los ciberdelincuentes.

Para mitigar este riesgo, es imprescindible establecer procesos de gestión de parches automatizados, priorizar la actualización de sistemas críticos y realizar auditorías regulares para garantizar que todos los dispositivos estén protegidos contra las vulnerabilidades conocidas.

⇨ **Ejemplo notable:** La vulnerabilidad EternalBlue en el protocolo SMBv1, que fue explotada por el ransomware WannaCry, afectó a miles de sistemas Windows en todo el mundo. A pesar de que Microsoft lanzó un parche para corregirla, muchos sistemas no actualizados permanecieron expuestos durante meses.

2. **Configuraciones predeterminadas inseguras**

Muchos sistemas Windows vienen preconfigurados con ajustes que priorizan la facilidad de uso sobre la seguridad, lo que puede dejar a los sistemas expuestos a ataques. Por ejemplo, cuentas de administrador con contraseñas por defecto o servicios innecesarios habilitados desde la instalación inicial representan riesgos significativos. Estas configuraciones, pensadas para simplificar la experiencia del usuario, suelen pasar desapercibidas y no se ajustan a las necesidades de seguridad de entornos corporativos.

Por ejemplo, los permisos predeterminados en carpetas compartidas a menudo permiten un acceso más amplio del necesario, lo que facilita el robo de datos si un atacante obtiene acceso a la red. Además, servicios como RDP (Protocolo de Escritorio Remoto) habilitados sin medidas de protección adicionales, como autenticación multifactor, son vectores frecuentes para los atacantes que intentan explotar configuraciones descuidadas.

Otro caso común es el uso de scripts de inicio de sesión sin verificar, que pueden ser manipulados para ejecutar código malicioso si los permisos no están correctamente configurados. Estas configuraciones predeterminadas no solo exponen los sistemas, sino que también facilitan movimientos laterales dentro de la red comprometida.

Para mitigar estos riesgos, es fundamental realizar auditorías iniciales y periódicas de las configuraciones, ajustando los parámetros a los estándares de seguridad recomendados. También es clave implementar políticas que deshabiliten servicios innecesarios y exigir contraseñas robustas en todas las cuentas, especialmente en las administrativas. Con estas medidas, las organizaciones pueden transformar configuraciones predeterminadas inseguras en un primer nivel de defensa efectivo.

3. **Debilidades en el Control de Acceso**

La gestión de permisos en Windows es una tarea crítica que, si no se maneja adecuadamente, puede comprometer la seguridad de toda la organización. Configuraciones incorrectas, como permisos excesivos o inconsistentes en carpetas, servicios y aplicaciones, pueden abrir la puerta a usuarios no autorizados, permitiéndoles acceder a información sensible o realizar cambios en sistemas cruciales.

Una de las prácticas más descuidadas es otorgar privilegios administrativos sin una necesidad clara, lo que da a los atacantes un acceso completo si logran comprometer una cuenta. Además, la falta de segmentación en los permisos permite que los atacantes, una vez dentro de la red, se muevan lateralmente hacia otros sistemas críticos con facilidad.

Por ejemplo, si un atacante obtiene acceso a una cuenta con permisos amplios, podría escalar privilegios para controlar dominios completos o desplegar herramientas como Mimikatz para extraer credenciales en texto claro. Esto es especialmente preocupante en entornos donde los principios de "menor privilegio" no se aplican de manera estricta, dejando a muchas cuentas con acceso innecesario a recursos sensibles.

Para mitigar estas debilidades, es esencial implementar controles de acceso basados en roles (RBAC), lo que asegura que cada usuario tenga acceso únicamente a los recursos que necesita para cumplir con sus responsabilidades laborales. Además, la auditoría regular de permisos y el uso de herramientas como Active Directory Rights Management pueden ayudar a identificar y corregir configuraciones erróneas antes de que sean explotadas. Por último, el monitoreo continuo de actividades relacionadas con el acceso, junto con alertas automatizadas para detectar comportamientos anómalos, refuerza aún más la seguridad en los sistemas Windows.

4. **Ataques de phishing dirigidos a usuarios de Windows**

Dado que la mayoría de los usuarios corporativos utilizan Windows, los atacantes diseñan campañas de phishing altamente específicas para explotar vulnerabilidades conocidas del sistema operativo y los hábitos de los usuarios. Estas campañas suelen incorporar técnicas avanzadas de ingeniería social para aumentar la tasa de éxito, haciéndolas difíciles de detectar incluso para usuarios experimentados.

Los atacantes emplean archivos adjuntos maliciosos, como documentos de Office que contienen macros habilitadas, capaces de ejecutar código malicioso al abrirse. Por ejemplo, un atacante puede enviar un correo que aparenta ser de un proveedor confiable, solicitando abrir un archivo "urgente" relacionado con una factura pendiente. Además, los scripts de PowerShell son utilizados frecuentemente para descargar e instalar malware sin que el usuario lo detecte, aprovechándose de permisos administrativos insuficientemente restringidos.

Recientemente, ha habido un aumento en el uso de correos electrónicos con enlaces a sitios web falsos que imitan plataformas conocidas, como Microsoft Teams o SharePoint, diseñados para robar credenciales de acceso. Estas campañas suelen estar dirigidas específicamente a empleados con altos niveles de acceso, como administradores de sistemas o directivos, debido al valor de las credenciales comprometidas.

Anatomía de las Campañas de Phishing en Windows

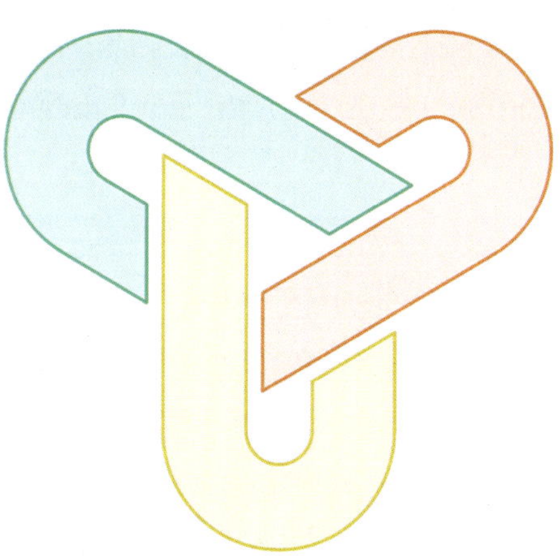

Para mitigar estos riesgos, las organizaciones deben combinar estrategias tecnológicas con formación activa para los empleados.

Esto incluye:

- ⇨ Implementar sistemas de filtrado de correos avanzados que detecten y bloqueen posibles intentos de phishing.
- ⇨ Habilitar políticas de ejecución restringida para macros y scripts, limitando su uso únicamente a aplicaciones y usuarios confiables.
- ⇨ Establecer un programa continuo de concienciación en ciberseguridad, con simulaciones periódicas de phishing para evaluar y mejorar la capacidad de respuesta de los empleados.

Con estas medidas, se puede reducir significativamente el impacto de los ataques de phishing dirigidos, protegiendo tanto los sistemas como la información crítica.

5. **Dependencia de software heredado**

Muchas organizaciones continúan utilizando versiones antiguas de Windows, como Windows 7 o incluso XP, que ya no reciben soporte oficial de Microsoft. Esto las deja expuestas a vulnerabilidades críticas sin parches disponibles, lo que representa un riesgo significativo para la seguridad cibernética.

Las razones detrás de esta dependencia son variadas. En muchos casos, se debe a la compatibilidad con aplicaciones o hardware específicos que no son compatibles con versiones más recientes del sistema operativo. Esto es común en sectores como la salud o la manufactura, donde equipos especializados dependen de software antiguo para funcionar correctamente. Sin embargo, esta práctica crea una brecha de seguridad que los atacantes pueden aprovechar fácilmente.

Por ejemplo, el ataque WannaCry demostró cómo las vulnerabilidades en sistemas obsoletos pueden ser devastadoras. Muchas de las víctimas del ataque utilizaban Windows XP, un sistema que ya no recibía actualizaciones de seguridad regulares. A pesar de los esfuerzos de Microsoft para lanzar un parche de emergencia, la falta de actualización oportuna amplificó el impacto del ataque.

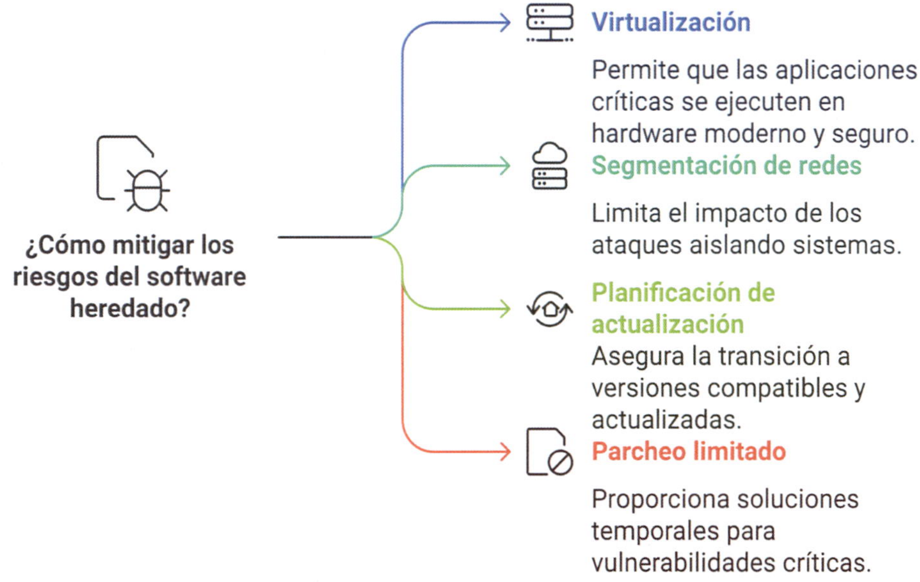

Para mitigar los riesgos asociados con el software heredado, las organizaciones deben adoptar medidas como:

- **Virtualización:** Migrar aplicaciones críticas que dependen de sistemas antiguos a entornos virtualizados que puedan ejecutarse en hardware más moderno y seguro.
- **Segmentación de redes:** Aislar los sistemas heredados del resto de la red para limitar el impacto de posibles ataques.
- **Planificación de actualización:** Establecer cronogramas claros para reemplazar gradualmente los sistemas obsoletos con versiones compatibles y actualizadas.
- **Parcheo limitado:** En casos extremos, implementar soluciones temporales desarrolladas por la comunidad o los fabricantes para corregir vulnerabilidades críticas, aunque estas no siempre sean sostenibles a largo plazo.

Abordar la dependencia del software heredado no solo mejora la postura de seguridad de una organización, sino que también garantiza la continuidad operativa al reducir la exposición a riesgos cibernéticos cada vez más sofisticados.

6.2. Vulnerabilidades en aplicaciones multiplataforma

Las aplicaciones multiplataforma, diseñadas para operar en diferentes sistemas operativos como Windows, macOS, Linux e incluso entornos móviles, ofrecen flexibilidad y comodidad a los usuarios. Sin embargo, esta interoperabilidad también introduce riesgos adicionales, ya que las vulnerabilidades en el código de la aplicación pueden ser explotadas en cualquiera de los sistemas donde se ejecuta.

6.2.1. Principales vulnerabilidades en aplicaciones multiplataforma:

1. **Errores de codificación comunes**

Muchas vulnerabilidades en aplicaciones multiplataforma surgen de errores en el desarrollo del software, como inyecciones SQL, desbordamientos de búfer y exposición de datos sensibles. Estos problemas no solo son comunes, sino que también resultan especialmente críticos debido a su capacidad para ser explotados independientemente del sistema operativo subyacente.

Los desarrolladores suelen subestimar la importancia de la validación de entradas, permitiendo que los atacantes inyecten código malicioso o datos inesperados. Por ejemplo, una aplicación que no valida adecuadamente las entradas de usuario puede ser vulnerable a una inyección SQL, permitiendo a un atacante acceder, modificar o eliminar información de una base de datos crítica.

Otro error común es el desbordamiento de búfer, que ocurre cuando un programa escribe más datos de los esperados en un área de memoria específica. Esto puede permitir a los atacantes ejecutar código arbitrario, comprometiendo la seguridad del sistema. Un ejemplo conocido fue el ataque a aplicaciones que usaban la biblioteca gráfica OpenSSL, donde un desbordamiento permitió el acceso no autorizado a datos cifrados.

Además, la exposición de datos sensibles, como claves API o información de configuración dentro del código fuente, se convierte en un objetivo fácil para los atacantes si no se toman medidas adecuadas para proteger esta información.

Una aplicación basada en la nube que gestiona bases de datos en múltiples plataformas puede ser vulnerable no solo a inyecciones SQL, sino también a ataques de desbordamiento de búfer si su lógica de procesamiento no incluye límites claros para las entradas. Esto podría comprometer los datos de clientes o permitir que el atacante escale privilegios en diferentes entornos.

Para abordar estos problemas, es fundamental que los equipos de desarrollo adopten prácticas de programación segura, como la implementación de límites en las entradas, el uso de bibliotecas probadas y actualizadas, y la realización de auditorías regulares del código fuente. Adicionalmente, herramientas automatizadas de análisis estático y dinámico pueden identificar errores antes de que lleguen a producción, mejorando significativamente la seguridad del software.

2. **Dependencia de bibliotecas de terceros**

Muchas aplicaciones multiplataforma dependen de bibliotecas y componentes de código abierto para acelerar su desarrollo y reducir costos. Si bien estas bibliotecas ofrecen numerosas ventajas, también introducen riesgos significativos, ya que las vulnerabilidades en estos componentes pueden ser explotadas en cualquier sistema donde se utilicen.

La dependencia de código abierto implica que cualquier falla en una biblioteca puede tener un impacto masivo, afectando múltiples aplicaciones y sistemas. Estas vulnerabilidades pueden surgir debido a errores en el código, falta de mantenimiento por parte de los desarrolladores o inclusión de código malicioso por atacantes que comprometen el repositorio original.

Además, las bibliotecas de terceros a menudo tienen sus propias dependencias, lo que genera cadenas de suministro complejas y difíciles de auditar. Un fallo en cualquier nivel de esta cadena puede propagarse rápidamente a través de diversas aplicaciones.

Para mitigar estos riesgos, las organizaciones deben:

2.1. **Realizar auditorías regulares de dependencias:** Utilizar herramientas como OWASP Dependency-Check para identificar vulnerabilidades conocidas en bibliotecas y componentes utilizados.

2.2. **Adoptar una estrategia de seguridad en la cadena de suministro:** Verificar la autenticidad de las bibliotecas antes de integrarlas y asegurarse de que provienen de fuentes confiables.

2.3. **Aplicar actualizaciones y parches oportunamente:** Supervisar los repositorios de bibliotecas para implementar parches en cuanto estén disponibles.

2.4. **Utilizar sistemas de protección en tiempo de ejecución:** Herramientas como Runtime Application Self-Protection (RASP) pueden detectar y prevenir intentos de explotación en tiempo real.

Estas medidas no solo ayudan a reducir la superficie de ataque, sino que también fortalecen la confianza en el uso de componentes de código abierto como parte de aplicaciones multiplataforma.

3. **Autenticación y gestión de sesiones inadecuadas**

Las aplicaciones que no implementan correctamente la gestión de sesiones y la autenticación dejan abiertas puertas críticas para que los atacantes comprometan cuentas y accedan a recursos sensibles. Este tipo de vulnerabilidad puede manifestarse de varias formas:

3.1. **Uso de contraseñas débiles o sin políticas de fortaleza:** Contraseñas como "12345" o "admin" siguen siendo utilizadas en muchas plataformas, lo que facilita los ataques de fuerza bruta. Además, la falta de requisitos para actualizar contraseñas regularmente aumenta el riesgo de explotación.

3.2. **Tokens de sesión inseguros:** Los tokens utilizados para mantener sesiones activas a menudo no están cifrados o expiran después de un tiempo excesivo, lo que da margen para que sean interceptados y reutilizados por los atacantes.

3.3. **Implementación deficiente de autenticación multifactor (MFA):** Aunque el MFA es una de las defensas más efectivas contra el acceso no autorizado, muchas aplicaciones lo implementan de manera inconsistente o solo como una opción adicional, lo que deja cuentas críticas protegidas únicamente por contraseñas.

3.4. **Gestión inadecuada de cierre de sesión:** Si una aplicación no invalida los tokens de sesión o no termina las sesiones activas al cerrar la cuenta, los atacantes pueden aprovechar las sesiones abiertas para acceder a los datos.

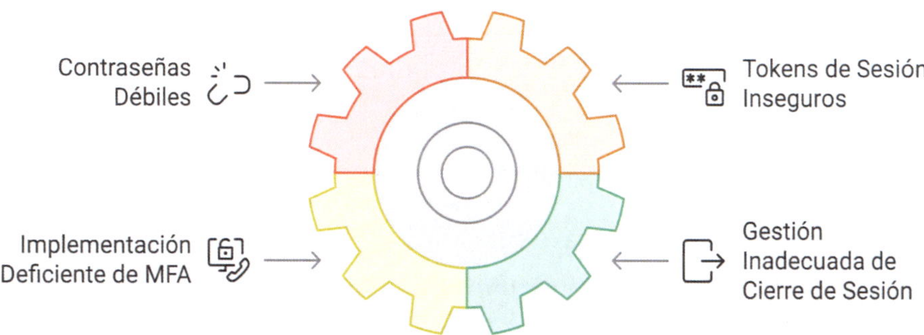

Con estas medidas, las organizaciones pueden reforzar significativamente la seguridad en la gestión de autenticación y sesiones, protegiendo tanto a sus usuarios como a los datos sensibles que manejan.

4. **Configuraciones inseguras por defecto**

Muchas aplicaciones multiplataforma se distribuyen con configuraciones que priorizan la funcionalidad sobre la seguridad, lo que deja a las organizaciones y usuarios expuestos a riesgos significativos. Estas configuraciones suelen incluir opciones como la falta de cifrado en las conexiones, permisos predeterminados excesivamente amplios y protocolos obsoletos habilitados por defecto.

Por ejemplo, muchas aplicaciones permiten la transmisión de datos sin cifrar, lo que facilita ataques de tipo "man-in-the-middle" donde un atacante puede interceptar y manipular la información. Asimismo, la habilitación de funciones innecesarias, como puertos abiertos o acceso remoto sin autenticación adecuada, aumenta la superficie de ataque.

Otro problema recurrente es la distribución de claves API o credenciales incrustadas en configuraciones iniciales, que a menudo no son modificadas por los usuarios finales. Esto permite a los atacantes explotar estas configuraciones para obtener acceso no autorizado a recursos críticos.

Para abordar estas vulnerabilidades, es fundamental que los desarrolladores adopten un enfoque de "seguridad por defecto". Esto incluye:

- ⇨ **Configurar el cifrado obligatorio:** Asegurarse de que todas las conexiones utilicen HTTPS o protocolos seguros equivalentes desde el inicio.
- ⇨ **Implementar mínimos privilegios:** Ajustar los permisos de usuario y recursos para garantizar que solo aquellos con necesidades específicas tengan acceso a funciones críticas.
- ⇨ **Deshabilitar funciones innecesarias:** Reducir la exposición al riesgo al limitar la cantidad de servicios habilitados por defecto.
- ⇨ **Realizar auditorías de seguridad antes del despliegue:** Detectar configuraciones inseguras durante las fases de prueba y corregirlas antes de la implementación.

Estas medidas no solo fortalecen la seguridad, sino que también generan confianza en los usuarios al garantizar que las aplicaciones están diseñadas para proteger datos y sistemas desde el principio.

Con una gestión adecuada y un enfoque proactivo, las organizaciones pueden minimizar los riesgos asociados con las aplicaciones multiplataforma, garantizando una experiencia segura y confiable para los usuarios.

6.3. Vulnerabilidades en sistemas Unix y Mac OS

Los sistemas Unix y Mac OS son reconocidos por su estabilidad y seguridad inherente. Sin embargo, no están exentos de vulnerabilidades que los atacantes pueden aprovechar. Aunque su arquitectura y las políticas de permisos son más estrictas en comparación con otros sistemas, su creciente adopción en entornos empresariales los convierte en un objetivo atractivo.

6.3.1. Principales vulnerabilidades en sistemas Unix y Mac OS:

1. **Explotación de permisos mal configurados**

Los sistemas Unix y Mac OS utilizan un modelo de permisos robusto basado en usuarios y grupos, diseñado para garantizar que solo los usuarios autorizados puedan acceder o modificar recursos.

Sin embargo, configuraciones incorrectas pueden debilitar esta protección y abrir puertas a accesos no autorizados. Por ejemplo, permisos excesivamente abiertos en archivos críticos o scripts importantes permiten que usuarios sin privilegios puedan leer, modificar o incluso ejecutar comandos potencialmente peligrosos.

Este problema es particularmente grave en entornos corporativos donde los usuarios con privilegios administrativos tienen acceso a un gran número de recursos. Si un atacante compromete una de estas cuentas, podría explotar configuraciones de permisos mal definidos para escalar privilegios, realizar movimientos laterales dentro de la red o inyectar código malicioso en scripts o aplicaciones.

Además, los permisos mal configurados pueden facilitar la explotación de vulnerabilidades de software existentes. Por ejemplo, si un atacante obtiene acceso a un archivo con permisos de escritura global, podría modificarlo para incluir malware o alterar configuraciones críticas del sistema.

Para mitigar estos riesgos, es esencial:

- ⇨ Realizar auditorías periódicas de los permisos en archivos y directorios clave.
- ⇨ Aplicar el principio de menor privilegio, asegurándose de que los usuarios y procesos solo tengan acceso a los recursos estrictamente necesarios.
- ⇨ Utilizar herramientas de monitoreo como SELinux o AppArmor para reforzar las políticas de seguridad y prevenir accesos no autorizados.
- ⇨ Implementar controles de acceso basados en roles (RBAC) para gestionar permisos de manera centralizada y consistente.

2. **Ataques a servicios de red**

Muchos servicios de red comunes en sistemas Unix, como SSH, FTP o servicios web, pueden ser objetivos de ataques si no están configurados adecuadamente.

Por ejemplo, el uso de claves SSH sin protección o configuraciones que permitan la autenticación sin contraseña son vectores de riesgo recurrentes. Además, la utilización de versiones obsoletas de estos servicios puede introducir vulnerabilidades críticas que los atacantes pueden explotar con herramientas automatizadas.

Un ejemplo claro es el abuso de configuraciones por defecto en SSH, como permitir accesos de root directamente desde la red o no limitar el número de intentos fallidos de inicio de sesión, lo que facilita los ataques de fuerza bruta. Los servicios FTP, por su parte, si no están configurados para exigir conexiones seguras, permiten la transmisión de datos y credenciales en texto claro, exponiendo información sensible a intercepciones.

Además, los servidores web que no implementan módulos de seguridad como ModSecurity en Apache pueden ser vulnerables a inyecciones de código o ataques de desbordamiento. La falta de supervisión en las configuraciones de red también deja expuestas rutas críticas para el acceso no autorizado.

Estrategias de mitigación:

- ⇨ Configurar SSH para deshabilitar el acceso de root, establecer claves privadas protegidas y restringir el acceso por direcciones IP confiables.
- ⇨ Usar FTP seguro (SFTP) o TLS para proteger la transmisión de datos.
- ⇨ Mantener actualizados todos los servicios de red y aplicar parches de seguridad tan pronto como estén disponibles.
- ⇨ Implementar herramientas de detección y prevención de intrusiones (IDS/IPS) que monitoreen el tráfico en tiempo real y alerten sobre actividades sospechosas.
- ⇨ Limitar el acceso a servicios críticos mediante firewalls y reglas de listas de control de acceso (ACL) bien definidas.

3. **Vulnerabilidades en software de código abierto**

Dado que Unix y Mac OS dependen en gran medida de software de código abierto, las vulnerabilidades en bibliotecas y componentes utilizados pueden propagarse a los sistemas que los implementan. Este riesgo se amplifica por la transparencia y accesibilidad del código, lo que permite a los atacantes examinar y buscar posibles fallos.

- ⇨ **Shellshock:** Este caso emblemático afectó al shell Bash, utilizado en la mayoría de los sistemas Unix. La vulnerabilidad permitía a los atacantes ejecutar código malicioso inyectando comandos en variables de entorno. Este ataque destacó la importancia de monitorear y actualizar bibliotecas esenciales.
- ⇨ **Log4j y Log4Shell:** Aunque originalmente más asociado con sistemas multiplataforma, la dependencia de esta biblioteca también impactó a sistemas Unix y Mac OS que utilizaban aplicaciones basadas en Java.

Además, la proliferación de herramientas de código abierto no auditadas introduce riesgos adicionales.

Por ejemplo, proyectos menos conocidos a menudo carecen de revisiones exhaustivas, lo que aumenta la posibilidad de vulnerabilidades inadvertidas o incluso de inclusión de código malicioso.

Estrategias de mitigación:

- ⇨ **Auditorías regulares:** Realizar evaluaciones frecuentes para identificar vulnerabilidades en componentes utilizados.
- ⇨ **Gestín de dependencias:** Utilizar herramientas como OWASP Dependency-Check o Snyk para monitorear y actualizar las bibliotecas.
- ⇨ **Contribución activa:** Participar en la comunidad de código abierto puede ayudar a identificar y corregir fallos antes de que sean explotados.
- ⇨ **Implementación de métricas de confianza:** Preferir bibliotecas respaldadas por comunidades robustas y activas, asegurándose de que cumplan con estándares de seguridad modernos.

4. **Amenazas relacionadas con actualizaciones no aplicadas**

Aunque Mac OS y las distribuciones de Unix suelen ofrecer actualizaciones regulares, muchos usuarios y organizaciones retrasan su implementación debido a preocupaciones de compatibilidad, interrupciones en el servicio o incluso desinformación sobre la importancia de estos parches. Este retraso deja los sistemas expuestos a ataques que aprovechan vulnerabilidades conocidas, que en muchos casos ya cuentan con exploits disponibles públicamente.

Los atacantes aprovechan esta "ventana de exposición" para lanzar campañas automatizadas que buscan sistemas desactualizados en internet. Una vez identificados, pueden explotar estas vulnerabilidades para instalar malware, robar datos o comprometer toda la red.

- ⇨ **Ejemplo significativo:** El caso de Shellshock y Heartbleed, vulnerabilidades críticas que afectaron a sistemas Unix y se explotaron ampliamente debido a la lenta adopción de parches por parte de las organizaciones.
- ⇨ **Factores contribuyentes:** La falta de automatización en la gestión de actualizaciones, sistemas heredados que dependen de versiones antiguas y el temor a interrupciones en entornos críticos.

Estrategias para mitigar este riesgo:

- ⇨ **Automatización:** Implementar herramientas de gestión de parches que aseguren la actualización constante de sistemas y aplicaciones.
- ⇨ **Priorizar actualizaciones críticas:** Clasificar y aplicar primero los parches que corrigen vulnerabilidades de alto impacto.
- ⇨ **Pruebas en entornos controlados:** Antes de implementar actualizaciones en sistemas de producción, realizar pruebas en entornos de desarrollo para garantizar la compatibilidad y estabilidad.
- ⇨ **Educación y concienciación:** Capacitar a los equipos técnicos sobre la importancia de las actualizaciones y establecer políticas claras para garantizar su implementación oportuna.

5. **Riesgos en aplicaciones de terceros:**

Aplicaciones desarrolladas por terceros que se ejecutan en sistemas Unix y Mac OS pueden contener vulnerabilidades que comprometan la seguridad del sistema principal. Esto incluye aplicaciones que no siguen los principios de seguridad de la plataforma, que implementan configuraciones inseguras o que no están adecuadamente mantenidas.

Uno de los mayores desafíos con aplicaciones de terceros es la falta de control directo sobre su desarrollo y mantenimiento.

Estas aplicaciones pueden contener bibliotecas desactualizadas, configuraciones por defecto que priorizan la funcionalidad sobre la seguridad o incluso backdoors no intencionales creados por desarrolladores.

Por ejemplo, una aplicación que permita la transmisión de datos sin cifrado podría exponer información sensible, especialmente en redes públicas. Además, las aplicaciones que dependen de conexiones a servidores externos podrían ser vulnerables a ataques de intermediarios si no implementan medidas como TLS para proteger las comunicaciones.

Estrategias para mitigar estos riesgos:

- ⇨ **Verificación previa:** Asegurarse de que las aplicaciones cumplen con los estándares de seguridad antes de ser implementadas en entornos críticos.
- ⇨ **Control de permisos:** Limitar el acceso de las aplicaciones a recursos sensibles del sistema.
- ⇨ **Monitoreo continuo:** Utilizar herramientas para analizar el comportamiento de las aplicaciones y detectar actividades sospechosas.
- ⇨ **Actualización regular:** Garantizar que las aplicaciones y sus componentes dependientes estén siempre actualizados para corregir vulnerabilidades conocidas.
- ⇨ **Preferir software verificado:** Optar por aplicaciones que sean revisadas regularmente por la comunidad o que tengan certificaciones de seguridad.

7. Buenas prácticas y salvaguardas de seguridad

7.1. Recomendaciones para la protección de la red

La protección de la red no es simplemente una medida técnica, sino una filosofía esencial en la gestión de la seguridad corporativa. Las redes son el alma de cualquier organización moderna, transportando datos críticos que sostienen operaciones, decisiones y estrategias. Si bien su compromiso puede llevar a pérdidas financieras devastadoras y daños irreparables a la reputación, la clave para evitarlo yace en adoptar un enfoque holístico que equilibre tecnología, buenas prácticas y concienciación.

Una red segura comienza con un diseño arquitectónico bien pensado. La segmentación de redes es una de las estrategias más fundamentales en la protección de la red. No se trata solo de dividir la red, sino de crear fronteras internas que dificulten el avance de los atacantes. Una segmentación efectiva implica la creación de subredes bien definidas, donde los accesos estén limitados y controlados según la necesidad de cada segmento.

Por ejemplo, separar los sistemas de producción de los sistemas administrativos asegura que, incluso si un segmento es comprometido, los otros permanezcan intactos. Además, integrar firewalls internos entre segmentos añade una capa adicional de defensa que bloquea accesos no autorizados y permite monitorear el tráfico entre áreas sensibles. es una de las estrategias más efectivas.

Al dividir la red en segmentos más pequeños y controlados, se limita drásticamente el movimiento lateral de los atacantes en caso de una brecha. Imagina una empresa donde la red principal está aislada de las redes de invitados y los sistemas de producción operan en su propio entorno controlado; este tipo de diseño asegura que incluso si un segmento es comprometido, el impacto esté contenido. Además, la implementación de una DMZ (Zona Desmilitarizada) para sistemas accesibles desde Internet, como servidores web, proporciona una capa adicional de protección al evitar accesos directos a la red interna.

El control de acceso es otro pilar crucial. El acceso a sistemas críticos debe estar protegido por autenticación multifactor, una herramienta imprescindible en la lucha contra los accesos no autorizados. La autenticación multifactor combina al menos dos tipos de credenciales, como algo que el usuario sabe (contraseña), algo que posee (un token o aplicación) y algo que es (biometría como huellas digitales o reconocimiento facial).

Este enfoque reduce drásticamente la probabilidad de que un atacante pueda acceder a recursos sensibles, incluso si obtiene las credenciales del usuario. Además, la implementación de sistemas avanzados de gestión de accesos basados en riesgos permite evaluar continuamente el contexto de los intentos de inicio de sesión, como la ubicación geográfica o el dispositivo utilizado, para aplicar medidas de seguridad dinámicas, una barrera que asegura que incluso si las credenciales son robadas, los atacantes no puedan penetrar sin una segunda verificación.

Los sistemas de gestión de identidades, por su parte, permiten administrar de manera efectiva qué usuarios pueden acceder a qué recursos, garantizando que solo aquellos con autorización explícita puedan interactuar con información sensible.

Sin embargo, proteger los puntos de entrada y salida es tan importante como controlar el acceso. Los firewalls avanzados, capaces de analizar el tráfico en tiempo real, son la primera línea de defensa contra amenazas externas. Estos dispositivos no solo filtran paquetes según reglas predefinidas, sino que también inspeccionan el contenido del tráfico para identificar comportamientos maliciosos o no deseados.

Por ejemplo, un firewall de próxima generación (NGFW) puede bloquear intentos de acceso desde direcciones IP conocidas por su actividad maliciosa y analizar aplicaciones para detectar patrones anómalos en tiempo real. Además, su integración con herramientas de inteligencia de amenazas globales permite actualizar sus reglas de defensa continuamente para enfrentar las tácticas más recientes. son herramientas esenciales para identificar amenazas potenciales antes de que se conviertan en problemas mayores. Los sistemas de detección y prevención de intrusiones (IDS/IPS) complementan esta defensa, actuando como centinelas que monitorean y bloquean actividades sospechosas.

Otro elemento fundamental es el cifrado de las comunicaciones. Este enfoque asegura que todos los datos transmitidos a través de la red, ya sea entre usuarios o hacia servidores externos, estén protegidos contra intercepciones. Protocolos como HTTPS y TLS garantizan que incluso si un atacante intercepta el tráfico, no pueda acceder al contenido debido al cifrado robusto.

En redes internas, el uso de VPN asegura que las conexiones remotas sean seguras, protegiendo las credenciales y datos críticos en tránsito. Asimismo, implementar certificados digitales confiables en todas las comunicaciones refuerza la autenticidad de las conexiones y evita ataques de intermediarios. Asegurar que todo el tráfico, tanto interno como externo, esté protegido mediante protocolos como HTTPS, TLS y VPN crea una red en la que incluso si los datos son interceptados, no pueden ser leídos ni utilizados.

Mantener la red segura también requiere un compromiso constante con las actualizaciones. Los parches de seguridad son la base para cerrar las brechas conocidas antes de que puedan ser explotadas. Sin embargo, más allá de aplicar actualizaciones regularmente, es crucial tener un sistema automatizado de gestión de parches que garantice la cobertura en toda la infraestructura.

Además, realizar auditorías periódicas para identificar dispositivos que no han sido actualizados y crear planes de contingencia para abordar sistemas heredados asegura que la red se mantenga protegida frente a amenazas emergentes. Cada dispositivo conectado a la red debe estar al día con los últimos parches de seguridad, ya que las vulnerabilidades no corregidas son una invitación abierta para los atacantes.

Pero no basta con la tecnología. El factor humano juega un papel igual de importante. Formar y capacitar al personal para identificar y evitar riesgos, como abrir enlaces sospechosos o conectar dispositivos no autorizados, es una inversión que paga dividendos en términos de prevención.

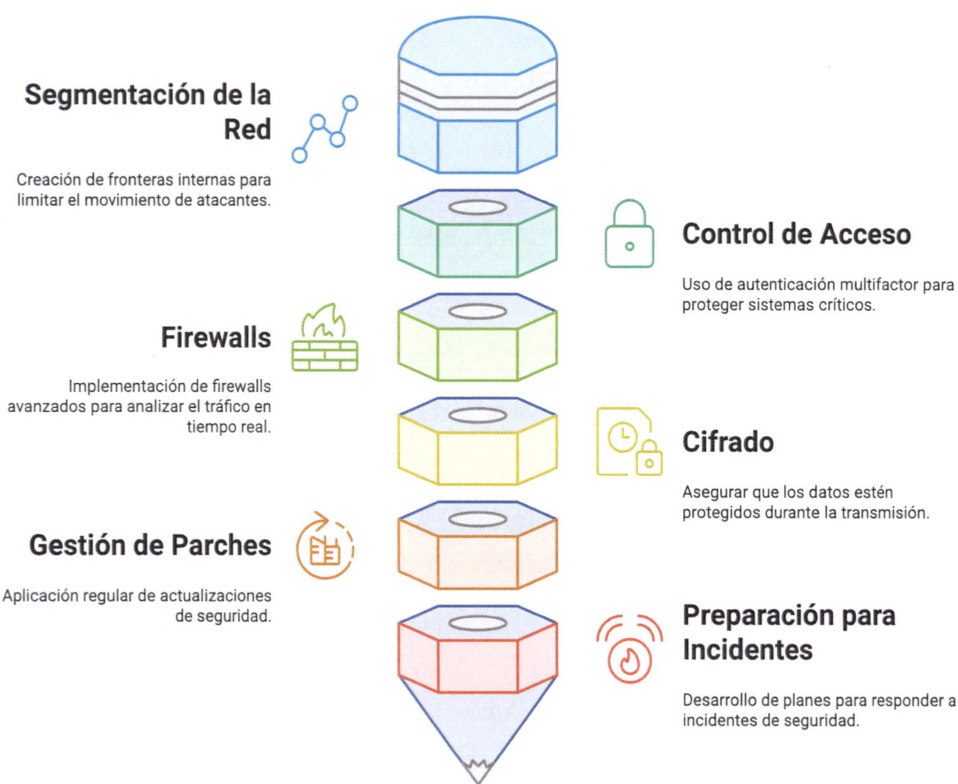

Finalmente, una red segura está preparada para lo inesperado. Los planes de respuesta a incidentes no solo deben estar diseñados, sino también probados regularmente a través de simulaciones realistas.

Estos planes deben incluir protocolos claros para detectar amenazas, notificar a los equipos clave, contener el impacto del incidente y restaurar las operaciones lo más rápido posible. Además, la integración de sistemas automatizados de análisis forense en la red permite recopilar evidencia y entender la naturaleza del ataque, lo que es vital para evitar futuros compromisos y mejorar las defensas existentes. Diseñar un plan de respuesta a incidentes, que contemple la detección temprana, la contención rápida y la recuperación efectiva, asegura que incluso en el peor de los casos, la organización pueda minimizar el impacto y volver a la normalidad con rapidez.

Proteger la red es un esfuerzo continuo, un equilibrio entre tecnología de vanguardia, buenas prácticas y una cultura organizacional que valore la seguridad como un principio fundamental. Cuando estos elementos trabajan juntos, las amenazas pierden fuerza y las organizaciones ganan resiliencia frente a los desafíos del mundo digital.

7.2. Herramientas y pautas de seguridad

La protección de la red, aunque esencial, no está completa sin las herramientas adecuadas y las pautas que garanticen su aplicación efectiva. En este sentido, las tecnologías avanzadas, junto con una base sólida de prácticas, conforman la columna vertebral de una infraestructura segura.

7.2.1. Herramientas clave para reforzar la seguridad:

1. **Sistemas de detección y prevención de intrusiones (IDS/IPS)**

Estas herramientas representan la primera línea de defensa activa dentro de una red. No solo monitorean el tráfico en tiempo real, sino que también detectan patrones sospechosos, como intentos de fuerza bruta o explóits conocidos, y actúan de manera automática para bloquear actividades maliciosas.

Un IDS puede identificar movimientos laterales dentro de la red y alertar a los administradores, mientras que un IPS detiene directamente los ataques, minimizando el impacto potencial. Su efectividad aumenta cuando se integran con soluciones de inteligencia de amenazas que actualizan las firmas de ataque constantemente. Por ejemplo, un IPS puede detener intentos de explotación de vulnerabilidades conocidas antes de que afecten a los sistemas internos.

2. **Firewalls de próxima generación (NGFW)**

Estos dispositivos van más allá del filtrado tradicional de paquetes, ofreciendo capacidades avanzadas como la inspección profunda de paquetes (DPI), que analiza el contenido completo del tráfico para detectar amenazas ocultas. Los NGFW también incorporan funcionalidades como la detección de aplicaciones específicas y el bloqueo de tráfico no autorizado basado en el contexto.

Por ejemplo, pueden identificar y bloquear tráfico generado por aplicaciones no autorizadas como clientes P2P o servicios en la nube no aprobados. Además, los NGFW se integran con sistemas de inteligencia de amenazas globales, lo que permite una defensa proactiva frente a nuevas tácticas de los atacantes.

3. **Plataformas SIEM (Gestión de Información y Eventos de Seguridad)**

Estas soluciones son el cerebro central de la seguridad en una red moderna. Recopilan datos de diversas fuentes, como firewalls, IDS/IPS, y registros de sistemas, y los correlacionan para identificar patrones de ataque o anomalías. Los SIEM no solo proporcionan una vista integral de la seguridad, sino que también generan informes detallados que ayudan a los equipos de TI a comprender el alcance de las amenazas y responder rápidamente. Herramientas avanzadas como Splunk o IBM QRadar utilizan algoritmos de aprendizaje automático para predecir posibles incidentes antes de que ocurran, permitiendo a las organizaciones tomar medidas preventivas.

4. **Sistemas de autenticación multifactor (MFA)**

Estos sistemas son esenciales para garantizar que solo los usuarios autorizados puedan acceder a recursos críticos. Combinan al menos dos métodos de verificación, como contraseñas, tokens físicos, generadores de códigos temporales o autenticación biométrica. Al implementar MFA, incluso si las credenciales de un usuario son comprometidas, un atacante no podrá acceder sin el segundo factor.

Las soluciones modernas también incluyen evaluaciones contextuales, como la ubicación del usuario y el dispositivo utilizado, para agregar un nivel adicional de protección.

5. **Herramientas de gestión de parches**

Estas soluciones automatizan la detección y aplicación de actualizaciones en sistemas y aplicaciones, asegurando que las vulnerabilidades conocidas sean corregidas de manera oportuna.

Herramientas como Microsoft SCCM o Qualys Patch Management permiten supervisar el estado de actualización de todos los dispositivos en la red, priorizar parches críticos y garantizar la compatibilidad mediante pruebas previas. Además, estas herramientas generan informes detallados que ayudan a los administradores a identificar puntos débiles en la infraestructura y a tomar decisiones informadas sobre la gestión de riesgos.

7.2.2. Pautas de seguridad esenciales:

Adoptar herramientas avanzadas no es suficiente; deben complementarse con pautas de seguridad sólidas:

- **Educación y concienciación:** Los usuarios son la primera línea de defensa en cualquier entorno de seguridad. La capacitación continua es esencial para que los empleados puedan identificar intentos de phishing, enlaces maliciosos y archivos adjuntos sospechosos. Además, formar a los equipos en el uso de contraseñas fuertes y en la gestión adecuada de datos sensibles refuerza la postura de seguridad de la organización. Las campañas de simulación de phishing y los seminarios interactivos son herramientas eficaces para mantener la concienciación activa.

- **Auditorías regulares:** Realizar revisiones sistemáticas de las configuraciones y políticas de seguridad permite identificar vulnerabilidades y corregirlas antes de que sean explotadas. Estas auditorías no solo deben abarcar dispositivos y redes, sino también prácticas operativas y cumplimiento normativo. Por ejemplo, una auditoría exhaustiva puede detectar configuraciones de red mal implementadas o accesos no autorizados a datos sensibles. Utilizar herramientas automatizadas de auditoría, como Nessus o OpenVAS, mejora la precisión y eficiencia del proceso.

- **Políticas de acceso basado en roles:** Este enfoque garantiza que los usuarios solo tengan acceso a los recursos estrictamente necesarios para cumplir sus funciones, minimizando la exposición a riesgos. Implementar controles de acceso granulares asegura que las cuentas con privilegios elevados estén restringidas a actividades críticas. Además, la monitorización constante de estos accesos ayuda a detectar y prevenir abusos. Por ejemplo, integrar herramientas como Active Directory para gestionar permisos y revisar regularmente los privilegios asignados fortalece la seguridad en toda la organización.

- **Planes de continuidad y recuperación:** Diseñar estrategias sólidas para garantizar que las operaciones puedan mantenerse o reanudarse rápidamente tras un incidente es esencial para la resiliencia organizacional. Estos planes deben incluir copias de seguridad regulares, redundancia en sistemas críticos y protocolos claros para coordinar la respuesta de los equipos. Las simulaciones periódicas de incidentes ayudan a probar la efectividad del plan y a identificar áreas de mejora. Además, establecer acuerdos con proveedores externos para el soporte en situaciones de emergencia asegura que los servicios críticos permanezcan operativos.

Con la combinación adecuada de herramientas tecnológicas y pautas prácticas, las organizaciones pueden construir un entorno digital resiliente que no solo enfrente las amenazas actuales, sino que también esté preparado para los desafíos futuros.

8. La cultura de ciberseguridad en los negocios

8.1. Concienciación y formación del personal

La seguridad de una organización no depende únicamente de herramientas avanzadas o sistemas robustos; el factor humano es, con frecuencia, el eslabón más débil o la primera línea de defensa. Por ello, la concienciación y formación del personal son pilares fundamentales para construir una verdadera cultura de ciberseguridad en los negocios. Más allá de implementar protocolos técnicos, es imprescindible educar a los empleados para que comprendan los riesgos, adopten buenas prácticas y se conviertan en participantes activos en la protección de la organización.

Comprender el porqué de la formación en ciberseguridad

En un mundo donde los ataques de phishing, ransomware y otras amenazas son cada vez más sofisticados, los empleados deben entender no solo cómo identificar estos riesgos, sino también por qué es crucial actuar de manera preventiva. La falta de concienciación puede llevar a decisiones negligentes, como hacer clic en un enlace sospechoso o compartir credenciales, lo que abre la puerta a brechas costosas y perjudiciales.

8.1.1. Elementos clave de un programa de formación efectivo:

1. **Simulaciones realistas**

Las simulaciones son herramientas poderosas para preparar a los empleados frente a ataques reales. Estos ejercicios deben imitar situaciones comunes, como correos electrónicos de phishing con contenido convincente o intentos de ingeniería social a través de llamadas telefónicas. Por ejemplo, se puede enviar un correo simulado desde un "proveedor" pidiendo descargar un archivo, lo que permite evaluar cómo reaccionan los empleados en un entorno controlado.

Los resultados de estas simulaciones deben analizarse para identificar debilidades y proporcionar retroalimentación inmediata, reforzando las mejores prácticas. Además, integrar escenarios personalizados que reflejen riesgos específicos de la organización hace que estas simulaciones sean aún más efectivas.

2. **Capacitación personalizada**

Un enfoque genérico en la formación suele ser insuficiente, ya que diferentes roles dentro de una organización enfrentan riesgos distintos. La capacitación personalizada asegura que cada empleado reciba contenido específico y relevante para sus tareas diarias. Por ejemplo, los equipos de TI pueden centrarse en la identificación de vulnerabilidades de software y la configuración segura de sistemas, mientras que los empleados de recursos humanos deben aprender a manejar datos personales con precaución y a evitar la divulgación accidental de información confidencial. Este enfoque también permite medir el impacto de la formación, ya que cada área puede ser evaluada según su preparación frente a riesgos específicos. Por ejemplo, los administradores de TI pueden necesitar conocimientos avanzados sobre la gestión de parches, mientras que los departamentos de finanzas deben estar alerta a estafas como el fraude al CEO.

3. **Actualización continua**

En un panorama de ciberseguridad en constante cambio, la formación no puede ser un evento único. Las amenazas evolucionan rápidamente, por lo que los programas deben incluir sesiones regulares de actualización que aborden las últimas tácticas de los atacantes. Esto incluye informar sobre vulnerabilidades emergentes, como nuevas técnicas de phishing dirigidas o malware avanzado. Las plataformas de aprendizaje en línea pueden desempeñar un papel clave, ofreciendo módulos interactivos y adaptativos que permitan a los empleados actualizar sus conocimientos de manera flexible. Adicionalmente, las organizaciones deben compartir estudios de casos recientes para ilustrar cómo las amenazas actuales afectan a negocios similares.

4. **Promoción de una cultura de responsabilidad compartida**

La ciberseguridad debe ser vista como una tarea colectiva en la que cada empleado tiene un papel crucial. Crear conciencia de que las acciones individuales pueden proteger o comprometer a toda la organización fomenta un sentido de responsabilidad compartida. Esto se logra a través de campañas internas que refuercen mensajes clave, como "Todos somos responsables de la seguridad", y mediante la implementación de incentivos, como reconocimientos para empleados que detecten y reporten amenazas de manera efectiva. Además, establecer canales claros y accesibles para informar sobre actividades sospechosas asegura que los problemas potenciales sean abordados rápidamente.

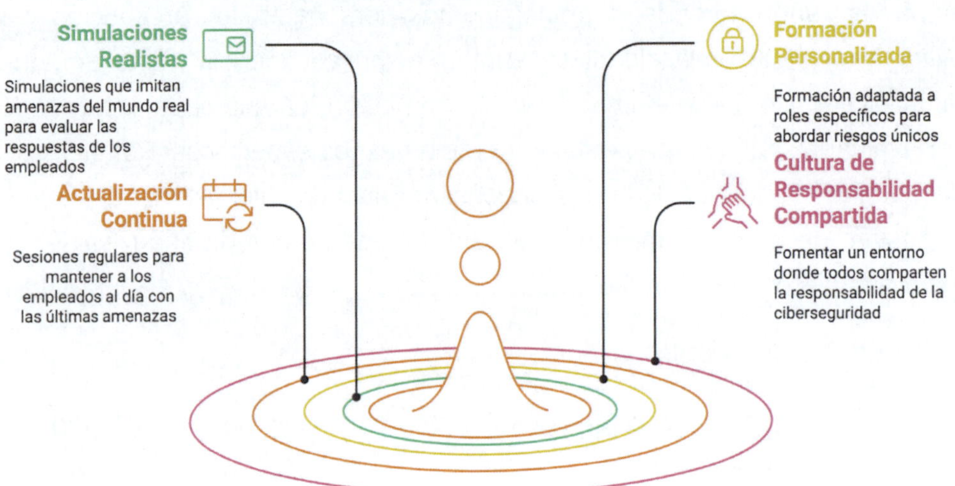

Beneficios tangibles de la formación en ciberseguridad

Un personal bien formado no solo reduce el riesgo de incidentes, sino que también mejora la capacidad de respuesta de la organización ante amenazas. Empleados capacitados pueden actuar como una barrera adicional contra los atacantes, reconocer intentos de compromiso antes de que se materialicen y garantizar que los procedimientos establecidos se sigan de manera efectiva. Además, una cultura de ciberseguridad robusta aumenta la confianza de los clientes y socios, fortaleciendo la reputación de la empresa.

En definitiva, la formación en ciberseguridad no es un gasto, sino una inversión estratégica que protege los activos más valiosos de una organización: su información, sus clientes y su futuro.

8.2. Estrategias organizacionales para construir una cultura de ciberseguridad

La construcción de una cultura de ciberseguridad sólida requiere un enfoque integral que vaya más allá de las acciones individuales y se integre profundamente en las operaciones y filosofías de una organización. A continuación, se presentan estrategias clave que las empresas pueden adoptar para fomentar un entorno resiliente frente a las amenazas cibernéticas:

1. **Liderazgo comprometido**

El compromiso de la alta dirección con la ciberseguridad no solo impulsa la adopción de prácticas seguras, sino que también establece un ejemplo claro para toda la organización. Los líderes pueden demostrar su implicación participando activamente en reuniones sobre seguridad, aprobando presupuestos para iniciativas críticas y asegurándose de que la ciberseguridad esté integrada en los objetivos estratégicos del negocio. Un liderazgo comprometido fomenta un entorno donde la seguridad es vista como una prioridad, incentivando a todos los niveles de la empresa a actuar de manera proactiva.

2. **Integración en procesos empresariales**

La ciberseguridad debe estar entrelazada con cada proceso y decisión dentro de la organización. Esto incluye realizar evaluaciones de riesgo cibernético en cada etapa del ciclo de vida de un proyecto, desde su concepción hasta su implementación. Por ejemplo, al seleccionar un proveedor, las empresas pueden exigir auditorías de seguridad o certificaciones que demuestren el cumplimiento con estándares internacionales. Asimismo, en el desarrollo de software, aplicar un enfoque DevSecOps asegura que las medidas de seguridad se integren desde las primeras etapas, evitando costosas correcciones posteriores.

3. **Incentivos y reconocimiento**

Reconocer el esfuerzo de los empleados que contribuyen activamente a la seguridad fortalece la cultura organizacional. Programas de recompensas, como "Empleado del mes en ciberseguridad" o incentivos financieros, pueden motivar a los trabajadores a reportar posibles amenazas y sugerir mejoras en los procesos. Además, la inclusión de métricas de seguridad en las evaluaciones de desempeño ayuda a garantizar que la seguridad sea vista como una responsabilidad individual, reforzando la colaboración y el compromiso colectivo.

4. **Adaptación cultural y normativa**

Cada industria y región presenta desafíos únicos que requieren estrategias personalizadas. Las organizaciones deben mantenerse al tanto de las normativas específicas, como GDPR o HIPAA, y garantizar que sus políticas cumplan con estos requisitos.

En sectores industriales, esto podría implicar la protección de sistemas SCADA, mientras que en servicios financieros se enfoca en la privacidad de los datos del cliente. La capacitación de los empleados sobre las regulaciones relevantes no solo asegura el cumplimiento legal, sino que también previene sanciones y fortalece la confianza del cliente.

5. **Medición y mejora continua**

Evaluar regularmente la eficacia de las estrategias de ciberseguridad mediante indicadores clave de rendimiento (KPIs) permite a las organizaciones adaptarse a un panorama de amenazas en constante evolución. Por ejemplo, métricas como el tiempo medio de respuesta a incidentes, el porcentaje de simulaciones de phishing exitosamente identificadas o el número de vulnerabilidades corregidas en un período específico proporcionan una visión clara del estado de seguridad. Estas revisiones deben ser utilizadas no solo para ajustar políticas, sino también para identificar tendencias y predecir posibles desafíos futuros.

Estas estrategias no solo refuerzan la seguridad, sino que también promueven una cultura organizacional resiliente y alineada con las demandas del entorno digital. Cuando la ciberseguridad es vista como un esfuerzo compartido y un componente esencial del negocio, las organizaciones están mejor preparadas para enfrentar los retos del futuro.

Resumen

La seguridad de la información y la ciberseguridad son pilares fundamentales en la protección de los datos y sistemas que sustentan las operaciones de las organizaciones. Estas disciplinas buscan salvaguardar la información frente a amenazas internas y externas, garantizando su confidencialidad, integridad y disponibilidad. La confidencialidad asegura que solo las personas autorizadas puedan acceder a la información sensible; la integridad garantiza que los datos permanezcan exactos y completos; y la disponibilidad asegura que los sistemas estén accesibles cuando se necesiten. Estas tres dimensiones forman el núcleo de toda estrategia de seguridad.

Un enfoque estructurado en la seguridad incluye un ciclo de vida que abarca la identificación de activos críticos, el diseño de controles adecuados, la implementación de políticas de seguridad, el monitoreo continuo de sistemas y la mejora progresiva de las estrategias. Este modelo debe adaptarse al entorno y necesidades de cada organización. Por ejemplo, una startup podría priorizar soluciones escalables y económicas, mientras que una empresa multinacional debe cumplir con regulaciones internacionales y mantener un sistema más complejo.

Los activos de información —como bases de datos, sistemas tecnológicos, propiedad intelectual y conocimientos internos— son el corazón de cualquier organización. Para protegerlos, es esencial identificar vulnerabilidades y riesgos asociados, como configuraciones débiles, contraseñas inseguras o falta de actualizaciones. Además, los ataques externos, como el ransomware, el phishing y los DDoS, junto con las amenazas internas derivadas de errores humanos o accesos no autorizados, hacen necesaria una protección activa y multidimensional.

Cada sistema operativo y plataforma tiene sus propios riesgos inherentes. Por ejemplo:

Sistemas Windows: A menudo son objetivo de malware y ransomware debido a su amplia adopción.

Unix y Mac OS: Aunque percibidos como más seguros, no están exentos de vulnerabilidades en configuraciones o servicios de red.

Aplicaciones multiplataforma: Suelen depender de bibliotecas de terceros, lo que puede introducir riesgos si no se gestionan adecuadamente.

La clave para enfrentar estos retos es fomentar una cultura de ciberseguridad. Esto implica concienciar y formar al personal, quienes a menudo representan el primer y último escudo contra los atacantes. La formación debe ser continua, personalizada y práctica, utilizando simulaciones y casos reales para preparar a los empleados frente a las amenazas más comunes. Además, los líderes empresariales deben comprometerse con la seguridad, integrándola en todos los procesos organizativos y promoviendo una responsabilidad compartida en todos los niveles.

La medición y mejora constante son esenciales para evaluar el impacto de las estrategias de seguridad y ajustarlas según las necesidades cambiantes. Los indicadores clave de rendimiento, como la velocidad de respuesta ante incidentes o la reducción de vulnerabilidades, ayudan a mantener una postura proactiva frente a las amenazas.

ICB
EDITORES

UNIDAD

1.2. Políticas de Seguridad y Ciberseguridad

Contenido de la Unidad

- Introducción a las Políticas de Seguridad
- Elementos clave de una política de seguridad
- Formulación de Políticas de Seguridad Informática
- Desarrollo de una política de prevención de incidentes de seguridad
- Hacer que se cumplan las decisiones sobre estrategias y políticas
- Resumen

ICB
EDITORES

1. Introducción a las Políticas de Seguridad

Las políticas de seguridad son el pilar fundamental en la protección de los activos de información dentro de una organización. Estas directrices formalizan los principios, procedimientos y controles necesarios para mitigar riesgos, garantizar la protección de la información y cumplir con normativas legales y regulatorias.

En el entorno empresarial actual, caracterizado por la transformación digital y una creciente sofisticación de las amenazas, las políticas de seguridad no solo son un elemento reactivo para gestionar incidentes, sino una herramienta proactiva que fortalece la resiliencia organizacional y protege la confianza de los clientes y socios.

Las políticas de seguridad son fundamentales en cualquier organización, ya que establecen las directrices y procedimientos necesarios para proteger la información y los recursos críticos. Estas políticas no solo buscan prevenir incidentes de seguridad, sino también mitigar sus consecuencias cuando ocurren. Además, un marco sólido de políticas de seguridad contribuye a garantizar el cumplimiento de normativas y regulaciones, protegiendo así la reputación y la viabilidad de la organización.

Una política de seguridad eficaz debe ser clara, concisa y fácil de entender para todos los miembros de la organización. Debe abordar aspectos como la gestión de contraseñas, el acceso a sistemas y datos, la protección contra malware y virus, y los procedimientos de respuesta ante incidentes. También debe incluir la formación y concienciación de los empleados sobre la importancia de la seguridad y sus responsabilidades individuales.

1.1. ¿Por qué son importantes las políticas?

Las políticas de seguridad son esenciales porque proporcionan un enfoque estructurado y coherente para la protección de los activos de la organización. Ayudan a definir claramente las responsabilidades de los empleados, establecen procedimientos para la gestión de riesgos y aseguran que las medidas de seguridad sean aplicadas de manera uniforme en toda la entidad.

Una política bien definida ayuda a identificar y gestionar amenazas potenciales antes de que se conviertan en problemas graves. Esto incluye la vigilancia continua de los sistemas, la realización de auditorías de seguridad periódicas y la actualización constante de las medidas de protección en respuesta a nuevas amenazas.

Sin políticas bien definidas, las organizaciones corren el riesgo de enfrentar brechas de seguridad, pérdidas financieras y daños reputacionales. Además, la falta de políticas claras puede llevar a la falta de responsabilidad y a una respuesta inadecuada ante incidentes de seguridad, lo que puede agravar las consecuencias de dichos incidentes.

1.1.1. Marco para la protección de activos

Las políticas de seguridad proporcionan un marco estructurado para identificar, proteger y gestionar los activos críticos de la organización. Estos activos pueden incluir datos confidenciales, sistemas de TI, infraestructura física y propiedad intelectual. Por ejemplo, un banco debe proteger tanto la información financiera de sus clientes como la infraestructura que respalda las operaciones bancarias.

Un marco sólido incluye clasificaciones de activos para priorizar su protección según su criticidad. Por ejemplo, los datos personales de los clientes suelen clasificarse como altamente sensibles y requieren cifrado robusto y controles de acceso estrictos. Adicionalmente, los sistemas críticos deben ser redundantes para garantizar la disponibilidad.

1.1.2. Cumplimiento normativo

La aplicación de políticas permite a las empresas cumplir con normativas internacionales como la ISO 27001, el Reglamento General de Protección de Datos (GDPR) en Europa y los estándares del Instituto Nacional de Estándares y Tecnología (NIST) en Estados Unidos. Estas normativas no solo exigen la implementación de controles específicos, sino también la documentación de cómo se aplican y monitorean.

Un cumplimiento adecuado no solo reduce las sanciones legales, sino que también mejora la confianza de los inversores y socios comerciales. Por ejemplo, las auditorías de cumplimiento, como las realizadas para GDPR, requieren pruebas de consentimiento explícito para la recopilación de datos, lo que obliga a la implementación de políticas claras sobre privacidad.

1.1.3. Prevención de incidentes de seguridad

Un estudio de IBM reveló que el 95% de los incidentes de seguridad son atribuibles a errores humanos, como contraseñas débiles o configuraciones incorrectas. Las políticas de seguridad ayudan a prevenir estos incidentes mediante la definición de buenas prácticas y directrices claras. Por ejemplo, una política que exige la autenticación multifactorial reduce significativamente el riesgo de accesos no autorizados.

Adicionalmente, las políticas pueden incluir simulaciones de ciberataques y programas de capacitación para empleados, fortaleciendo su capacidad para identificar intentos de phishing y otras tácticas de ingeniería social. Este enfoque integral reduce tanto los riesgos técnicos como los humanos.

1.1.4. Protección de la reputación empresarial

Un incidente de ciberseguridad puede dañar irreparablemente la reputación de una organización. Las políticas de seguridad fortalecen la confianza de los clientes y socios al demostrar que la empresa adopta medidas concretas para proteger la información. Por ejemplo, tras una violación de datos, el cumplimiento con una política de respuesta a incidentes puede minimizar el impacto reputacional y legal.

Para reforzar la reputación, muchas empresas publican informes anuales sobre su estado de ciberseguridad y realizan ejercicios públicos de transparencia, como notificar a los usuarios sobre incidentes junto con las medidas correctivas implementadas.

1.1.5. Mejora de la eficiencia operativa

Las políticas también ayudan a optimizar los recursos al establecer procedimientos estándar para la gestión de la seguridad. Por ejemplo, una política que estandarice los parches de software reduce el tiempo de inactividad y asegura que todos los sistemas operan con los últimos parches de seguridad.

Un enfoque automatizado para la gestión de parches, apoyado por herramientas como WSUS (Windows Server Update Services) o sistemas similares, permite aplicar actualizaciones de forma centralizada y programada, mejorando la productividad.

1.2. Ejemplos de políticas en diferentes tipos de organizaciones

Las políticas de seguridad deben adaptarse al contexto y necesidades específicas de cada organización. A continuación, se presentan ejemplos de políticas aplicadas en distintos sectores, con un enfoque en Europa y España:

1.2.1. Sector financiero

En los bancos europeos, las políticas de seguridad están diseñadas para cumplir con normativas como la Directiva PSD2 (Payment Services Directive 2), que exige mecanismos de autenticación reforzada del cliente (SCA) y protección contra el fraude en transacciones digitales. Estas políticas también incluyen medidas como la implementación de controles de acceso basados en identidad biométrica y monitoreo continuo de transacciones mediante algoritmos de inteligencia artificial para detectar actividades sospechosas.

Un caso destacado en España es la adaptación del Banco Santander, que ha desarrollado sistemas avanzados de detección de fraudes en tiempo real y programas educativos para clientes sobre ciberseguridad financiera. Ejemplo: Política de protección de datos financieros implementada por bancos españoles conforme a las directrices del Banco de España.

1.2.2. Sector salud

En hospitales y clínicas de la Unión Europea, las políticas de seguridad se enfocan en proteger los datos de los pacientes bajo el Reglamento General de Protección de Datos (GDPR). Estas políticas incluyen medidas como el cifrado de datos en reposo y en tránsito, la implementación de sistemas de autenticación multifactorial para acceder a los historiales clínicos y la monitorización continua de accesos para detectar posibles usos indebidos.

Ejemplo: Una política implementada en España por el Servicio Madrileño de Salud que incluye el cifrado de historiales clínicos, auditorías periódicas de cumplimiento y medidas de control de acceso basadas en roles, asegurando que solo el personal autorizado pueda consultar datos sensibles. Además, se está fomentando la utilización de herramientas de anonimización de datos para proyectos de investigación, garantizando la privacidad del paciente.

1.2.3. Pequeñas y medianas empresas (PYMES)

Las PYMES europeas han adoptado políticas prácticas para equilibrar seguridad y costos, adaptándose a sus limitaciones presupuestarias sin comprometer la protección de sus activos.

Ejemplo: Muchas PYMES en España han implementado medidas como la restricción del uso de dispositivos externos como USBs para prevenir fugas de información y la aplicación de controles de acceso basados en roles. Además, están adoptando soluciones avanzadas de ciberseguridad en la nube, apoyadas por iniciativas como el programa europeo Digital Europe Programme, que ofrece subvenciones para integrar herramientas de monitorización de amenazas y planes de formación para empleados. Un caso destacable es el de empresas del sector de servicios en España que han logrado reducir los incidentes de ciberseguridad en un 30% tras implementar estas medidas junto con la certificación en ISO 27001, demostrando así el valor de combinar seguridad y cumplimiento normativo.

1.2.4. Organizaciones tecnológicas

En el sector tecnológico europeo, las políticas están orientadas a abordar los desafíos específicos de la digitalización y la innovación constante. Estas incluyen estrategias robustas de gestión de parches, que aseguran la actualización constante de software y sistemas, reduciendo vulnerabilidades explotables. Además, la protección de la propiedad intelectual es prioritaria para prevenir la pérdida de innovaciones clave en un mercado altamente competitivo.

Ejemplo: Empresas tecnológicas europeas han implementado políticas de revisión exhaustiva de contratos con proveedores para garantizar que la propiedad intelectual de desarrollos colaborativos esté bien protegida. También destacan las políticas de seguridad en la nube, que regulan el acceso y almacenamiento de datos sensibles mediante la utilización de cifrado avanzado y segmentación de redes.

En España, startups tecnológicas como las del sector fintech han adoptado los principios de la ISO/IEC 27034 para garantizar la seguridad en aplicaciones desde el diseño, integrando auditorías de código, pruebas de penetración periódicas y controles estrictos para entornos de desarrollo y producción. Estas medidas no solo aseguran la integridad del software, sino que también refuerzan la confianza de los inversores y clientes.

2. Elementos clave de una política de seguridad

2.1. ¿Qué debe contener una política de seguridad?

Una política de seguridad eficaz debe incluir elementos fundamentales que garanticen la protección integral de los activos de la organización. Estos componentes no solo deben enfocarse en establecer directrices específicas, sino también en fomentar una cultura de ciberseguridad dentro de la organización. Los principales elementos incluyen:

2.1.1. Propósito y alcance

La política debe comenzar con una declaración clara del propósito, destacando cómo contribuye a proteger la integridad, confidencialidad y disponibilidad de la información. Debe establecer objetivos medibles, como reducir incidentes en un porcentaje determinado o mejorar los tiempos de respuesta a amenazas. Además, el alcance debe especificar no solo las áreas y procesos cubiertos, sino también las excepciones y limitaciones aplicables, como los sistemas de terceros o proveedores externos.

2.1.2. Roles y responsabilidades

La definición de roles y responsabilidades debe abarcar desde la alta dirección, que provee los recursos necesarios, hasta los usuarios finales, responsables de cumplir con las directrices diarias. Por ejemplo, el CISO (Chief Information Security Officer -Director de Seguridad de la Información) puede liderar estrategias de mitigación de riesgos, mientras que los equipos de TI ejecutan medidas técnicas. Además, es importante asignar responsabilidades claras para realizar auditorías, informar incidentes y gestionar la formación continua del personal.

La identificación de activos debe incluir inventarios completos y actualizados, así como su clasificación según el impacto potencial de su pérdida o compromiso. Por ejemplo, los activos pueden clasificarse en datos altamente confidenciales (como información financiera), datos internos y datos públicos. También es crucial implementar herramientas automatizadas para rastrear activos en tiempo real y asignar responsables para su protección.

ROLES CLAVES EN UN SISTEMA DE SEGURIDAD INFORMATICA

Nivel Estratégico

CISO (Chief Information Security Officer)
Máximo responsable de la estrategia y liderazgo en ciberseguridad, reporta directamente al CEO o al Consejo de Administración.

CSO (Chief Security Officer)
Responsable de la seguridad física y digital si están integradas en la organización. Puede ser paralelo o subordinado al CISO dependiendo del enfoque.

Oficial de Privacidad
Aunque podría reportar al CISO, este rol tiene un enfoque estratégico en la protección de datos personales y cumplimiento normativo.

Gestor de Riesgos de TI
Coordina la identificación, evaluación y mitigación de riesgos de TI a nivel organizacional.

Nivel Táctico

Arquitecto de Seguridad
Diseña la infraestructura de seguridad, asegurándose de que los sistemas y estrategias estén alineados con los objetivos del CISO.

Administrador de Identidades y Accesos (IAM)
Encargado de gestionar el acceso seguro a los recursos críticos de la empresa.

Responsable de Cumplimiento Normativo
Asegura que se cumplan normativas como GDPR, PCI DSS o ISO 27001, reportando al CISO o al departamento legal.

Auditor de Seguridad
Evalúa y verifica la eficacia de las políticas y controles de seguridad implementados, generalmente trabajando de forma independiente para garantizar imparcialidad.

Nivel Operativo

Especialista en Respuesta a Incidentes
Coordina la respuesta ante eventos de seguridad, como brechas de datos o ataques.

Analista de Ciberseguridad
Monitorea amenazas, analiza vulnerabilidades y propone soluciones, trabajando en estrecha colaboración con el SOC.

Administrador de Seguridad de la Red
Mantiene y protege la infraestructura de red mediante firewalls, VPNs y otros dispositivos.

Especialista en Inteligencia de Amenazas
Identifica proactivamente nuevas amenazas y asesora sobre posibles medidas preventivas.

Responsable de Forense Digital
Realiza investigaciones post-ataque, recopilando evidencias y determinando el alcance del incidente.

Ingeniero de Seguridad
Implementa y mantiene herramientas de monitoreo y protección tecnológica.

Consultor de Seguridad
Asesora externamente sobre políticas y prácticas de seguridad, especialmente en proyectos específicos o auditorías externas..

Operador de SOC (Security Operations Center)
Monitorea actividades de seguridad en tiempo real y responde a alertas inmediatas.

Formador o Especialista en Concienciación
Capacita a empleados y socios para crear una cultura organizacional de ciberseguridad.

2.1.3. Análisis y gestión de riesgos

El análisis de riesgos debe realizarse mediante metodologías reconocidas, como OCTAVE, ISO 31000 o incluso NIST Risk Management Framework, garantizando un enfoque sistemático y replicable.

Este proceso debe incluir la identificación exhaustiva de amenazas internas (como errores humanos, fallos de procesos o accesos no autorizados) y externas (como ciberataques, desastres naturales o fallos en la cadena de suministro). Además, debe considerar escenarios específicos de alto impacto mediante técnicas como el Análisis de Impacto en el Negocio (BIA). Para respaldar estas actividades, es esencial llevar a cabo simulaciones periódicas, como pruebas de penetración, ejercicios de red team y simulacros de respuesta a incidentes, que permitan validar los controles existentes. Finalmente, un sistema de retroalimentación debe capturar lecciones aprendidas y ajustar las estrategias para abordar tanto riesgos emergentes como cambios en el entorno de amenaza.

2.1.4. Controles de acceso

Los controles de acceso deben basarse en el principio de "necesidad de saber" y aplicarse tanto a nivel físico como lógico. Esto significa limitar el acceso a los recursos y datos solo a las personas que lo necesitan para cumplir con sus funciones. En la Unión Europea, la aplicación de controles biométricos está limitada debido a las estrictas regulaciones del Reglamento General de Protección de Datos, que considera los datos biométricos como información especialmente protegida. En su lugar, se utilizan alternativas como tarjetas de acceso personalizadas con chips RFID o códigos únicos de autenticación.

A nivel lógico, se deben implementar soluciones avanzadas como sistemas de gestión de identidades, que centralicen la administración de permisos y permitan controlar el acceso basándose en roles y tareas específicas. Además, la autenticación adaptativa juega un papel crucial al ajustar el nivel de seguridad según factores como la ubicación del usuario, el dispositivo utilizado y el historial de comportamiento. Por ejemplo, si un usuario intenta acceder desde un dispositivo desconocido o fuera de las horas laborales habituales, se puede solicitar una verificación adicional mediante un código enviado al teléfono registrado.

Es esencial realizar revisiones periódicas de los permisos asignados para detectar posibles excesos o accesos innecesarios y revocarlos cuando sea necesario. Esto incluye auditorías automatizadas que comparen los roles asignados con las responsabilidades reales del usuario, garantizando que los permisos estén alineados con las necesidades laborales y las políticas de la organización.

2.1.5. Gestión de incidentes

El plan de gestión de incidentes debe ser altamente detallado e incluir guías específicas para categorizar incidentes, coordinar equipos de respuesta y comunicar a las partes interesadas, incluyendo clientes, socios y organismos reguladores cuando sea necesario. Además, debe establecer protocolos claros para la recopilación y preservación de evidencia digital, lo que facilitará investigaciones forenses en caso de ser necesario. Este plan también debe contemplar ejercicios de simulación regular (como simulacros de ciberataques) para preparar a los equipos y evaluar la efectividad de las medidas implementadas.

Un componente clave es el sistema de aprendizaje continúo basado en incidentes previos. Este sistema debe documentar detalladamente cada incidente, desde su detección hasta su resolución, identificando fallos y oportunidades de mejora. Por ejemplo, tras un ataque de ransomware, el plan podría incluir acciones correctivas como la segmentación adicional de redes, implementación de soluciones de backup inmutables y la revisión de protocolos de acceso remoto. Finalmente, debe definir un enfoque de comunicación transparente para mantener informados a los stakeholders, minimizando el impacto reputacional.

2.1.6. Formación y concienciación

Los programas de formación deben adaptarse a los diferentes niveles de la organización, desde sesiones generales para empleados hasta talleres técnicos para el personal de TI. Las sesiones generales pueden cubrir temas como la identificación de correos electrónicos de phishing, la importancia de las contraseñas robustas y las prácticas de navegación segura. Por otro lado, los talleres técnicos pueden enfocarse en configuraciones seguras, análisis de vulnerabilidades y gestión de incidentes para el equipo de TI.

Para evaluar la eficacia de estas iniciativas, las organizaciones pueden implementar simulaciones de phishing periódicas para medir la respuesta de los empleados frente a intentos simulados de ataques de ingeniería social. Además, se pueden utilizar encuestas de conocimiento antes y después de las sesiones de formación, junto con evaluaciones prácticas que midan la aplicación de los conocimientos adquiridos en escenarios reales.

Complementariamente, el seguimiento de indicadores clave de rendimiento (KPI) relacionados con la reducción de incidentes causados por errores humanos puede proporcionar una perspectiva más completa sobre el impacto de la formación.

2.1.7. Auditorías y revisiones

Las auditorías deben incluir tanto evaluaciones internas como externas realizadas por entidades certificadas, garantizando una revisión objetiva e imparcial del entorno de seguridad. Estas auditorías no solo deben verificar la implementación efectiva de controles, sino también evaluar su pertinencia frente a las amenazas emergentes. Además, deben incluir pruebas de penetración, revisiones de configuraciones de sistemas, y un análisis exhaustivo de las políticas vigentes para identificar debilidades. Las recomendaciones accionables que se deriven de estas auditorías deben priorizarse según el impacto potencial de los riesgos identificados, facilitando un plan de acción estructurado que permita a la organización abordar los hallazgos de manera efectiva y proactiva.

2.1.8. Cumplimiento normativo

El cumplimiento normativo debe ser más que un ejercicio de "marcar casillas". Debe implicar una revisión activa y continua de los cambios en la legislación aplicable a nivel nacional, europeo e internacional, como el Reglamento General de Protección de Datos (GDPR) de la Unión Europea, que regula la protección de datos personales, y la Ley Orgánica de Protección de Datos Personales y Garantía de los Derechos Digitales (LOPDGDD) en España. Además, es esencial alinear las políticas con normativas internacionales como la ISO 27001, que establece los requisitos para los Sistemas de Gestión de Seguridad de la Información, y con el NIST Cybersecurity Framework, ampliamente utilizado en el sector tecnológico.

Esto también incluye la obtención de certificaciones reconocidas, como la PCI DSS para la protección de datos en transacciones financieras, que refuercen la confianza de los clientes y socios comerciales. El cumplimiento debe garantizar que los procesos organizativos sean auditables y transparentes, proporcionando mecanismos claros para demostrar conformidad frente a inspecciones regulatorias o auditorías externas.

Por ejemplo, en el caso del GDPR, esto implica mantener registros detallados del tratamiento de datos, gestionar consentimientos y reportar incidentes dentro de los plazos establecidos.

Superar los estándares mínimos también implica adoptar buenas prácticas emergentes, como el cifrado extremo a extremo y la implementación de técnicas de anonimización y pseudonimización de datos, así como llevar a cabo evaluaciones de impacto de protección de datos (DPIA) cuando se implementen nuevas tecnologías o sistemas de alto riesgo.

Componentes de una Política de Seguridad

Cumplimiento Normativo
Asegura la conformidad con las leyes y regulaciones.

Propósito y Alcance
Define los objetivos y límites de la política.

Auditorías y Revisiones
Inspecciona y evalúa los controles de seguridad.

Roles y Responsabilidades
Asigna tareas de seguridad a los individuos.

Formación y Concienciación
Educa a los empleados sobre prácticas de seguridad.

Análisis de Riesgos
Evalúa y prioriza riesgos de seguridad.

Gestión de Incidentes
Establece procedimientos para manejar violaciones de seguridad.

Controles de Acceso
Regula el acceso a los sistemas y datos.

Una política de seguridad bien diseñada no solo protege los activos organizativos, sino que también mejora la eficiencia operativa, fomenta una cultura de seguridad y prepara a la organización para afrontar un panorama de amenazas en constante cambio.

2.2. Lo que no debe contener una política de seguridad

Una política de seguridad eficaz debe ser clara, precisa y centrada en objetivos alcanzables. Es fundamental que sea comprensiva y accesible para todos los empleados, independientemente de su nivel técnico.

Esto implica la eliminación de terminología excesivamente técnica que podría resultar confusa para aquellos que no están familiarizados con términos especializados en ciberseguridad. En su lugar, debe emplearse un lenguaje sencillo y ejemplos prácticos que ilustren las directrices de manera concreta y aplicable.

Además, la política debe enfocarse en ser específica y libre de ambigüedades. Las instrucciones deben ser claras y detalladas, evitando frases vagas como "en caso necesario" o "si se considera oportuno", ya que estas pueden dar lugar a interpretaciones diversas y a la implementación inconsistente de medidas de seguridad.

Una política claramente definida y bien comunicada puede prevenir malinterpretaciones y garantizar una aplicación uniforme de las normas de seguridad a lo largo de toda la organización.

Es igualmente importante que la política no incluya directrices irrelevantes o demasiado genéricas que no se apliquen a la realidad operativa de la organización. Las recomendaciones deben ser pertinentes y alineadas con las necesidades específicas y la infraestructura de la entidad para evitar desviar la atención de los empleados hacia aspectos no prioritarios.

Por último, mientras que las políticas deben ser lo suficientemente detalladas para cubrir todos los aspectos necesarios, deben evitar ser excesivamente extensas. Un documento demasiado largo puede disuadir a los empleados de leerlo por completo o de retener la información clave.

Por lo tanto, una estructura modular y concisa, que destaque los puntos críticos y relegue los detalles técnicos a apéndices o secciones específicas, puede ser más efectiva para la comprensión y cumplimiento.

2.2.1. Exceso de tecnicismos

Incluir terminología excesivamente técnica puede dificultar la comprensión de la política por parte de empleados no especializados en seguridad. Esto genera confusión y desmotivación, ya que los usuarios finales pueden no entender su rol dentro del marco de seguridad. Además, el uso de tecnicismos puede llevar a interpretaciones erróneas de las directrices, afectando negativamente su implementación. En su lugar, se deben utilizar explicaciones claras, lenguaje accesible y ejemplos prácticos adaptados a la realidad operativa de la organización.

2.2.2. Ambigüedades o contradicciones

Cualquier ambigüedad en las directrices puede dar lugar a interpretaciones erróneas y prácticas inconsistentes. Las políticas deben evitar términos vagos como "en caso necesario" o "si se considera oportuno", ya que estos generan incertidumbre y pueden llevar a la omisión de medidas críticas. En cambio, deben proporcionar instrucciones específicas y medibles. Contradicciones entre diferentes secciones también pueden minar la credibilidad de la política y deben evitarse mediante revisiones exhaustivas y pruebas de coherencia.

2.2.3. Directrices irrelevantes o genéricas

Una política que incluye directrices no aplicables al contexto específico de la organización desperdicia recursos y reduce su impacto. Por ejemplo, abordar requisitos de seguridad para tecnologías no utilizadas en la organización puede confundir a los empleados y desviar la atención de áreas prioritarias. Es fundamental realizar un análisis previo de los riesgos y necesidades específicas para asegurar que la política sea pertinente y alineada con la infraestructura y operaciones de la organización.

2.2.4. Extensión excesiva

Aunque las políticas deben ser completas, un documento excesivamente largo y detallado puede ser contraproducente, ya que los empleados pueden evitar leerlo o no retener la información clave. Para evitar esto, es recomendable estructurar las políticas de forma modular, destacando los puntos críticos en secciones concisas y utilizando apéndices para incluir información detallada como listas de herramientas, ejemplos de escenarios o procedimientos técnicos.

2.2.5. Repetición innecesaria

Repetir conceptos o directrices a lo largo del documento no solo aumenta su extensión, sino que también puede generar confusión sobre la importancia relativa de las diferentes directrices. Esto puede resolverse mediante una estructura lógica y jerárquica que agrupe temas relacionados y evite redundancias, utilizando referencias cruzadas cuando sea necesario para reforzar la claridad.

2.2.6. Ausencia de responsabilidades específicas

Una política que no identifica claramente las responsabilidades y roles de cada miembro de la organización en materia de seguridad crea lagunas operativas. Es imprescindible que los empleados sepan qué se espera de ellos y quién es responsable de supervisar, implementar y monitorear cada aspecto de la política. Esto incluye definir claramente los roles del personal de TI, los gerentes de línea y los usuarios finales, asegurando que todos tengan acceso a la capacitación adecuada para cumplir con sus responsabilidades.

2.2.7. Dependencia exclusiva de tecnología

Aunque las herramientas tecnológicas son esenciales, confiar únicamente en ellas para garantizar la seguridad es un error. Las políticas deben enfatizar la importancia de la capacitación y la concienciación de los empleados, ya que muchos incidentes de seguridad se deben a errores humanos. Por ejemplo, un sistema de detección de intrusiones puede ser ineficaz si los empleados no están capacitados para responder a sus alertas. La combinación de tecnología y formación es clave para lograr una protección integral.

2.2.8. Falta de flexibilidad

En un entorno de amenazas en constante evolución, una política rígida que no permite adaptaciones puede volverse obsoleta rápidamente. Las políticas deben incluir mecanismos para su revisión y actualización periódica, alineándose con cambios tecnológicos, regulatorios y en el panorama de amenazas. Esto puede lograrse mediante la programación de auditorías regulares y la integración de procesos de retroalimentación que permitan ajustes ágiles y efectivos.

Ejemplo práctico: Una organización redactó una política de seguridad que incluía términos altamente técnicos sin explicaciones, directrices irrelevantes para sus operaciones y más de 50 páginas de contenido sin una estructura clara. Como resultado, los empleados no comprendieron ni adoptaron las medidas establecidas, lo que llevó a una brecha de seguridad evitable. Posteriormente, se revisó la política para hacerla más accesible, relevante y organizada, aumentando significativamente el cumplimiento y la eficacia.

Evitar estos elementos asegura que las políticas de seguridad sean herramientas prácticas y efectivas para proteger los activos de la organización.

3. Formulación de Políticas de Seguridad Informática

3.1. ¿Cómo conformar una política de seguridad?

Conformar una política de seguridad informática eficaz requiere un enfoque estratégico que combine diversos elementos esenciales. Estos incluyen un análisis exhaustivo de las necesidades organizativas, un alineamiento integral con las normativas locales e internacionales, la adopción de las mejores prácticas de la industria y un enfoque participativo que involucre a todos los niveles de la organización. Una política de seguridad bien diseñada debe servir como un marco operativo que proteja los activos digitales, fomente la confianza de los stakeholders y garantice la continuidad del negocio frente a amenazas emergentes.

El proceso debe iniciarse con una evaluación detallada de los activos críticos de la organización, considerando aspectos como su valor estratégico, el impacto de una posible brecha y su importancia en las operaciones diarias. Esta evaluación debe complementarse con un análisis de riesgos que contemple tanto amenazas internas (por ejemplo, errores humanos o configuraciones inadecuadas) como externas (ciberataques, desastres naturales, etc.).

El alineamiento con normativas como el GDPR, ISO 27001 o el marco NIST no solo asegura el cumplimiento legal, sino que también proporciona un enfoque estructurado para abordar las vulnerabilidades y fortalecer los controles existentes. Además, la inclusión de un lenguaje claro y una estructura modular garantizarán que la política sea comprensible y accesible para todos los miembros de la organización, desde la alta dirección hasta los usuarios finales.

Finalmente, la política debe ser un documento vivo, sujeto a revisiones periódicas para reflejar cambios en el panorama de amenazas, avances tecnológicos y nuevas obligaciones regulatorias. De este modo, se asegura su relevancia y eficacia a lo largo del tiempo.

3.1.1. Identificación de objetivos y alcance

El primer paso consiste en realizar una identificación clara y exhaustiva de los objetivos que se desean alcanzar con la política de seguridad. Estos objetivos pueden incluir la protección integral de los datos sensibles, la mitigación de riesgos asociados a ciberataques y el aseguramiento del cumplimiento con normativas aplicables, como el GDPR o ISO 27001. Para garantizar la eficacia de la política, es fundamental delimitar el alcance de forma precisa, especificando los sistemas tecnológicos, los procesos operativos y los usuarios implicados.

Este alcance debe considerar también las interacciones con terceros, como proveedores o socios, asegurando que los controles de seguridad se extiendan a estas relaciones externas. Una definición clara de los límites y las responsabilidades desde el inicio facilita la implementación de medidas coherentes y evita ambigüedades durante su aplicación.

3.1.2. Evaluación de riesgos

La formulación debe basarse en un análisis de riesgos exhaustivo que identifique las principales amenazas y vulnerabilidades de la organización. Este proceso comienza con la recopilación de información sobre activos críticos, como sistemas de TI, bases de datos, redes y dispositivos conectados.

Una vez identificados, se evalúa el impacto potencial de diferentes escenarios de riesgo, como interrupciones operativas o filtraciones de datos, mediante simulaciones detalladas de ataques cibernéticos y pruebas de penetración (pentesting). Además, deben realizarse auditorías de seguridad regulares para validar la eficacia de los controles existentes y descubrir vulnerabilidades no detectadas previamente.

Este enfoque integral no solo permite priorizar las acciones de mitigación, sino también establecer un plan de respuesta adecuado para minimizar los daños en caso de incidentes.

3.1.3. Adopción de estándares y normativas

La política debe alinearse con normativas internacionales como ISO 27001, GDPR (Reglamento General de Protección de Datos) en Europa, y el marco NIST en Estados Unidos. Estas normativas ofrecen guías prácticas y comprobadas para gestionar la seguridad de la información de manera eficiente.

Por ejemplo, ISO 27001 proporciona un marco estructurado para la implementación de un Sistema de Gestión de Seguridad de la Información (SGSI), incluyendo la identificación de riesgos y la adopción de controles específicos. El GDPR, por su parte, regula el tratamiento de datos personales, obligando a las organizaciones a garantizar la privacidad y a implementar medidas como la pseudonimización y el cifrado.

En cuanto al NIST, su marco está diseñado para ser adaptable a diferentes industrias y establece cinco funciones clave: identificar, proteger, detectar, responder y recuperar. Estas normativas no solo fortalecen la protección de los activos de información, sino que también generan confianza entre los clientes y socios al demostrar un compromiso claro con la ciberseguridad.

3.1.4. Participación de todas las partes interesadas

Es esencial involucrar a todos los niveles de la organización en la formulación de la política, desde la alta dirección hasta los usuarios finales. Esto garantiza que la política sea relevante y aplicable, y fomenta el compromiso de todos los empleados.

Por ejemplo, la alta dirección debe liderar el proceso, aportando una visión estratégica y asignando los recursos necesarios, mientras que los responsables de áreas técnicas contribuyen con su conocimiento especializado sobre vulnerabilidades y amenazas específicas. Los usuarios finales, por su parte, pueden ofrecer información sobre los desafíos y necesidades operativas que enfrentan, garantizando que las directrices sean prácticas y adaptadas a la realidad diaria. Este enfoque participativo no solo enriquece la calidad de la política, sino que también asegura que todos los empleados se sientan involucrados y comprometidos con su cumplimiento.

3.1.5. Redacción clara y estructurada

La política debe redactarse en un lenguaje claro y accesible para todos los miembros de la organización, evitando el uso excesivo de tecnicismos. Por ejemplo, en lugar de usar términos como "hardening de sistemas", se puede emplear "fortalecimiento de la seguridad de los sistemas" acompañado de ejemplos prácticos para facilitar la comprensión. Una estructura modular, organizada en secciones como introducción, objetivos, medidas específicas y roles, permite no solo su comprensión, sino también su rápida consulta y actualización cuando sea necesario. Este enfoque modular también facilita la personalización según los cambios normativos o tecnológicos, asegurando que las directrices sean siempre relevantes y aplicables.

3.1.6. Establecimiento de roles y responsabilidades

Cada miembro de la organización debe conocer su papel dentro del marco de la política de seguridad. Esto incluye definir roles específicos y asignar responsabilidades claras para cada nivel. Por ejemplo, la alta dirección debe ser responsable de la aprobación y monitoreo general de la política, asegurando la asignación de recursos adecuados. Los responsables de TI deben encargarse de implementar las medidas técnicas necesarias, como configurar sistemas de protección y monitorear el tráfico de la red para detectar anomalías.

Los auditores internos, por su parte, deben realizar revisiones periódicas para evaluar la eficacia de los controles de seguridad y proponer mejoras. Además, los empleados deben ser conscientes de sus obligaciones, como seguir las directrices de seguridad, informar incidentes sospechosos y participar en programas de formación continua. Este enfoque distribuido garantiza que todos los integrantes de la organización estén alineados y comprometidos con los objetivos de seguridad.

3.1.7. Inclusión de medidas específicas

La política debe detallar medidas concretas de seguridad, tales como el uso de autenticación multifactorial para garantizar que solo los usuarios autorizados puedan acceder a sistemas críticos, el cifrado de datos sensibles tanto en reposo como en tránsito para proteger la información contra accesos no autorizados, y la gestión de accesos basada en roles para limitar los privilegios de los usuarios según sus responsabilidades. Por ejemplo, un sistema de autenticación multifactorial podría requerir una combinación de contraseña, token de seguridad y huella dactilar, mientras que el cifrado de extremo a extremo garantizaría que los datos confidenciales estén protegidos incluso si son interceptados. Además, la gestión de accesos basada en roles puede incluir políticas estrictas que deshabiliten automáticamente las cuentas de empleados que dejen la organización, reduciendo el riesgo de accesos no autorizados.

3.1.8. Planificación de revisiones periódicas

Para garantizar su relevancia y efectividad, la política debe incluir un plan para revisiones regulares, estructurado en fases claras. Estas revisiones deben realizarse trimestralmente o con mayor frecuencia en sectores de alta exposición al riesgo, como el financiero o el sanitario. El plan debe contemplar:

1. Evaluación de amenazas emergentes: Identificar nuevas tendencias en ciberseguridad, como ransomware avanzado o vulnerabilidades en dispositivos IoT.

2. Actualización tecnológica: Revisar y ajustar las medidas de seguridad a los avances tecnológicos, como la adopción de autenticación biométrica o sistemas basados en inteligencia artificial.

3. Cumplimiento normativo: Verificar el alineamiento continuo con normativas internacionales como el GDPR, la ISO 27001 o el marco NIST, y ajustar la política ante cambios regulatorios.
4. Feedback interno y externo: Recoger sugerencias de empleados y resultados de auditorías externas para identificar áreas de mejora.

Por ejemplo, una organización del sector retail que almacena datos de tarjetas de crédito podría implementar revisiones mensuales centradas en asegurar el cumplimiento de PCI DSS y en probar la eficacia de sus firewalls mediante simulaciones de ataques coordinadas por equipos externos.

3.1.9. Comunicación y capacitación

Es vital que la política se comunique de manera efectiva a todos los empleados mediante estrategias adaptadas a los diferentes niveles de la organización. Por ejemplo, se pueden realizar reuniones iniciales lideradas por la alta dirección para enfatizar la importancia de la política y su alineación con los objetivos estratégicos. Asimismo, es crucial distribuir guías resumidas y visualmente atractivas que expliquen las directrices clave.

Además, deben implementarse programas de capacitación diferenciados según el rol de cada empleado. El personal de TI puede participar en talleres técnicos sobre la configuración de sistemas seguros, mientras que los empleados administrativos podrían recibir simulaciones de phishing y formación básica en detección de amenazas. Complementariamente, se pueden utilizar plataformas de e-learning para ofrecer cursos interactivos, seguidos de evaluaciones prácticas que aseguren la correcta adopción y comprensión de las medidas de seguridad.

Ejemplo práctico: Una empresa tecnológica, al implementar su política de seguridad, comenzó por realizar un análisis de riesgos que identificó los accesos remotos como un punto débil. Basándose en esto, desarrollaron directrices claras sobre el uso de VPN y autenticación multifactorial, capacitó a su personal en el reconocimiento de intentos de phishing y estableció revisiones trimestrales de los permisos de acceso. Esto resultó en una reducción significativa de incidentes de seguridad y un aumento en la confianza de sus clientes.

Conformar una política de seguridad bien estructurada no solo fortalece la posición de la organización frente a las amenazas, sino que también mejora su eficiencia operativa y reputación.

3.2. Procesos y procedimientos para su elaboración

El desarrollo de una política de seguridad informática requiere una metodología clara y estructurada para garantizar que sea efectiva y aplicable. A continuación, se describen los procesos y procedimientos fundamentales para su elaboración, incluyendo herramientas y ejemplos prácticos:

3.2.1. Definición de objetivos

Establecer los objetivos estratégicos y operativos que la política debe alcanzar es el primer paso. Estos objetivos incluyen tres pilares fundamentales:

1. Protección de datos sensibles: Identificar los datos críticos para la organización (por ejemplo, información personal de clientes o secretos comerciales) y definir medidas específicas, como el cifrado extremo a extremo y la implementación de controles de acceso basados en roles. Esto podría incluir evaluar la necesidad de anonimización en proyectos de análisis masivo de datos.

2. Mitigación de riesgos operativos: Realizar un análisis detallado de las amenazas internas y externas que puedan afectar los sistemas críticos, como fallos en la infraestructura de TI o ataques cibernéticos. Diseñar estrategias como la segmentación de redes, la implementación de sistemas de detección de intrusos (IDS) y la capacitación del personal en detección de intentos de phishing.

3. Cumplimiento normativo: Garantizar que todas las prácticas de seguridad estén alineadas con regulaciones como GDPR, ISO 27001 y la normativa local aplicable, estableciendo procesos documentados para auditorías, reportes de incidentes y revisiones regulares.

Por ejemplo, una mediana empresa que gestiona una tienda en línea podría priorizar la protección de los datos de sus clientes al implementar un sistema de cifrado SSL para proteger la información de pago en su sitio web.

Además, podría utilizar una autenticación de dos factores (2FA) para que los empleados accedan al panel de administración de la tienda.

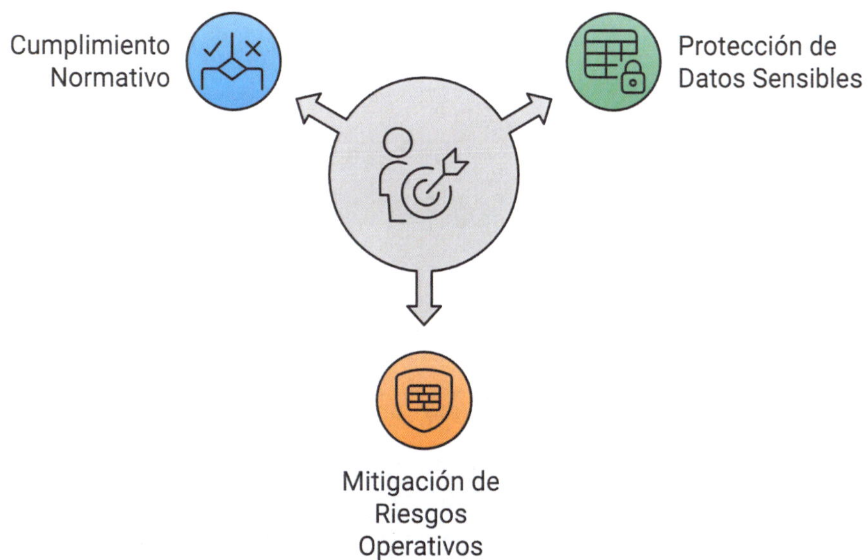

Este proceso debe incluir reuniones con los encargados de TI y el personal administrativo para identificar riesgos específicos, como contraseñas débiles o accesos compartidos, y proponer soluciones viables. Finalmente, la empresa podría capacitar a sus empleados en buenas prácticas de seguridad, como evitar enlaces sospechosos y proteger los datos de los clientes, asegurando que estas medidas sean accesibles y sostenibles para su estructura.

3.2.2. Identificación de riesgos

Un análisis exhaustivo de riesgos debe considerar factores internos y externos que puedan afectar a la organización. Este proceso se inicia con la identificación de todos los activos críticos, como sistemas de TI, bases de datos, infraestructura física y personal clave. Posteriormente, se evalúa el impacto potencial de amenazas tecnológicas (como ciberataques) y no tecnológicas (como errores humanos o interrupciones en la cadena de suministro).

El análisis también debe incluir una clasificación de los riesgos según su probabilidad de ocurrencia y su impacto, utilizando herramientas como matrices de riesgos para priorizar acciones. Una matriz de riesgos típica se estructura en un eje vertical que mide la probabilidad de que ocurra un evento y un eje horizontal que evalúa su impacto. Cada combinación de probabilidad e impacto se categoriza como alto, medio o bajo, facilitando la priorización de los riesgos más críticos.

Ejemplo de matriz de riesgos para una mediana empresa:

Riesgo	Probabilidad	Impacto	Nivel de riesgo	Medidas
Ataque de phishing	Alta	Medio	Alto	Capacitación en ciberseguridad, filtros de correo
Acceso no autorizado a red	Media	Alta	Alto	Implementación de VPN y autenticación 2FA
Fallo en suministro eléctrico	Baja	Alto	Medio	Instalación de UPS y sistemas redundantes
Contraseñas débiles	Alta	Alto	Crítico	Políticas de contraseñas robustas y renovaciones

Las evaluaciones de impacto en el negocio (BIA) complementan esta herramienta, identificando las áreas más vulnerables y permitiendo priorizar planes de contingencia específicos. Por ejemplo, un fallo en el suministro eléctrico podría mitigarse con generadores de respaldo para mantener la continuidad operativa.

Para complementar este análisis, se pueden realizar simulaciones de escenarios, como pruebas de penetración (pentesting) para identificar brechas en los sistemas antes de que sean explotadas, y ejercicios de simulación para evaluar la respuesta de los equipos ante incidentes.

Ejemplo sencillo para una mediana empresa: Una compañía de logística detecta que sus empleados a menudo acceden a los sistemas desde redes Wi-Fi públicas, exponiéndose a ataques como el "man-in-the-middle".

Para mitigar este riesgo, implementan una política que exige el uso de redes privadas virtuales (VPN) en todos los accesos remotos y establece que las contraseñas deben ser robustas, renovándose cada tres meses. Además, capacitan al personal en la detección de señales de ataques en redes no seguras, asegurando que estas medidas sean aplicables y fáciles de seguir dentro de la operativa diaria.

3.2.3. Consulta y participación

Involucrar a las partes interesadas es clave para garantizar que la política sea integral y representativa de las necesidades reales de la organización. Este proceso debe iniciar con la identificación de los actores clave, como la alta dirección, el equipo de TI, los usuarios finales y socios externos. Cada uno aporta una perspectiva única: la alta dirección proporciona la visión estratégica y los recursos necesarios; el equipo de TI ofrece conocimiento técnico sobre riesgos y vulnerabilidades; los usuarios finales destacan problemas operativos, y los socios externos pueden señalar riesgos asociados a la cadena de suministro.

Para asegurar una participación efectiva, se pueden organizar talleres participativos donde se simulen escenarios de riesgo y se discutan posibles soluciones. Además, la implementación de encuestas internas anónimas permite recoger inquietudes y sugerencias de forma amplia, facilitando la identificación de áreas de mejora que podrían pasar desapercibidas en reuniones convencionales.

Este enfoque inclusivo no solo mejora la calidad de la política, sino que también fomenta el compromiso y la colaboración entre los diferentes niveles de la organización.

Ejemplo de encuesta interna para identificar necesidades en políticas de seguridad:

Título: Encuesta de Evaluación de Necesidades en Seguridad Informática

1. **¿Con qué frecuencia utiliza sistemas de la organización fuera de la oficina (teletrabajo, dispositivos móviles)?**
   - *Rara vez*
   - *Mensualmente*
   - *Semanalmente*
   - *Diario*
2. **¿Sabe cómo identificar un correo electrónico potencialmente malicioso?**
   - *Sí*
   - *No*
   - *No estoy seguro*
3. **¿Cree que las contraseñas utilizadas en su área son suficientemente seguras?**
   - *Sí*
   - *No*
   - *No sé*
4. **¿Qué herramientas o recursos considera necesarios para mejorar la seguridad en su trabajo diario?**

   (Respuesta abierta)
5. **¿Qué tan familiarizado está con las políticas actuales de seguridad informática de la organización?**
   - *Muy familiarizado*
   - *Algo familiarizado*
   - *Poco familiarizado*
   - *Nada familiarizado*
6. **En una escala del 1 al 5, ¿qué tan preparado se siente para responder ante un incidente de seguridad (por ejemplo, ataque de phishing)?**

   (1 = Nada preparado, 5 = Muy preparado)
7. **¿Ha recibido capacitación reciente en temas de seguridad informática?**
   - *Sí, dentro de los últimos 6 meses*
   - *Sí, pero hace más de un año*
   - *No he recibido capacitación*
8. **¿Qué áreas cree que deberían priorizarse en futuras capacitaciones?**

   (Respuesta abierta)

3.2.4. Diseño de controles específicos

El diseño de controles específicos es un componente crítico de la política de seguridad informática, ya que define las medidas prácticas para mitigar riesgos identificados y garantizar la protección de los activos de la organización. Estos controles se clasifican en tres categorías principales: técnicos, administrativos y físicos.

A continuación, se explica cómo implementar cada tipo de control y se presentan ejemplos específicos:

- Controles técnicos: Los controles técnicos son medidas basadas en tecnología que protegen los sistemas y datos. Ejemplos:
  - Firewalls: Configurar firewalls de red para controlar el tráfico entrante y saliente, asegurándose de que solo las conexiones autorizadas puedan acceder a los sistemas.
  - Sistemas de detección y prevención de intrusos (IDS/IPS): Monitorear actividades sospechosas y responder automáticamente a amenazas.
  - Cifrado de datos: Implementar cifrado tanto en reposo como en tránsito para proteger información sensible frente a accesos no autorizados. Por ejemplo, cifrar bases de datos financieras y comunicaciones de correo electrónico mediante TLS.
  - Autenticación multifactorial (2FA): Aplicar 2FA para accesos a sistemas críticos, utilizando tokens, biometría o códigos temporales.

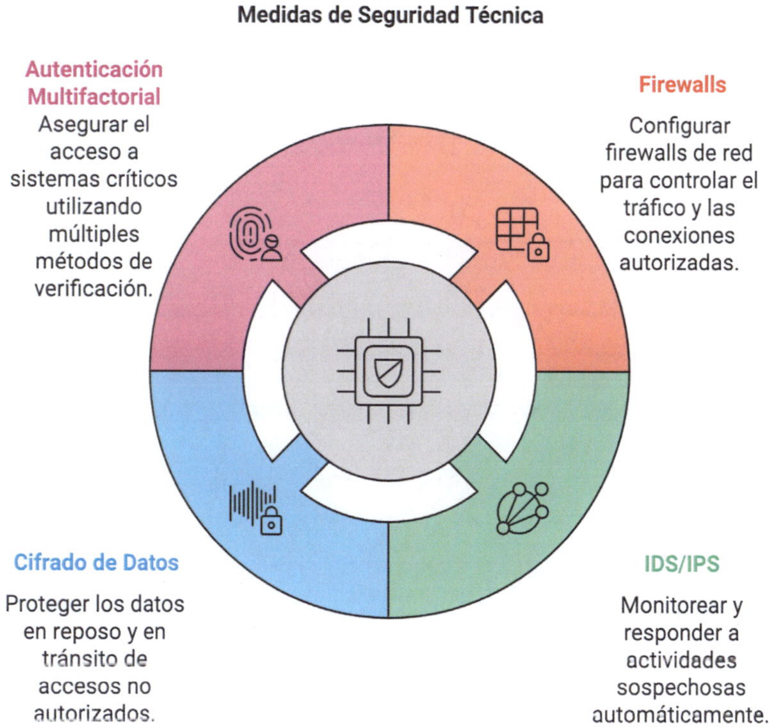

- Controles administrativos: Estas medidas incluyen políticas, procedimientos y prácticas diseñadas para gestionar la seguridad de forma efectiva. Ejemplos:

  - ⇨ Políticas de contraseñas: Definir requisitos claros, como longitudes mínimas, uso de caracteres especiales y renovaciones periódicas.
  - ⇨ Gestión de accesos: Establecer permisos basados en roles (RBAC) para garantizar que los empleados solo tengan acceso a los datos y sistemas necesarios para su función.
  - ⇨ Auditorías regulares: Realizar auditorías internas para verificar el cumplimiento de las políticas y detectar posibles incumplimientos.
  - ⇨ Capacitación continua: Implementar programas de formación para sensibilizar a los empleados sobre buenas prácticas de seguridad y prevención de incidentes.

- Controles físicos: Los controles físicos son esenciales para proteger las instalaciones y los dispositivos de la organización. Ejemplos:
  - ⇨ Seguridad en accesos: Utilizar tarjetas inteligentes, biometría o códigos PIN para limitar el acceso a áreas críticas, como centros de datos.
  - ⇨ Cámaras de vigilancia: Instalar cámaras en ubicaciones estratégicas para monitorear actividades sospechosas y disuadir intrusos.
  - ⇨ Sistemas de protección contra incendios: Implementar detectores de humo y sistemas de rociadores automáticos en áreas críticas para minimizar daños en caso de incendio.
  - ⇨ Bloqueo de dispositivos: Utilizar candados de seguridad para proteger equipos portátiles y estaciones de trabajo en áreas públicas.

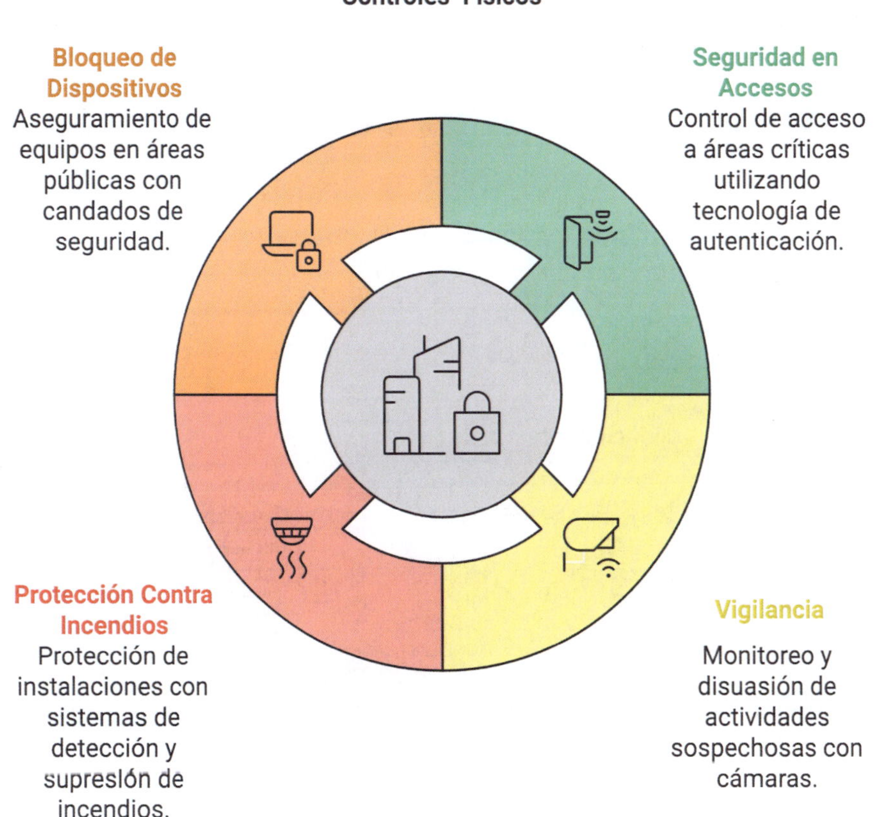

3.2.5. Validación y pruebas

Antes de implementar la política, es necesario validarla mediante un conjunto estructurado de pruebas piloto y simulaciones diseñadas para identificar posibles fallos o áreas de mejora. Este proceso incluye:

1. Simulacros de ciberataques: Organizar escenarios de ataque como intentos de phishing simulados o pruebas de ransomware controladas para medir la respuesta de los sistemas y del personal. Por ejemplo, enviar correos electrónicos falsos a los empleados permite evaluar si reconocen intentos de suplantación de identidad y si siguen los procedimientos establecidos.

2. Pruebas de penetración (pentesting): Contratar a especialistas en ciberseguridad para que actúen como "hackers éticos", intentando vulnerar los sistemas con el objetivo de descubrir brechas en la infraestructura, como configuraciones erróneas de firewalls o servicios expuestos innecesariamente.

3. Ejercicios de simulación de incidentes: Realizar simulaciones donde los equipos responsables de la seguridad respondan a un incidente ficticio, como una filtración de datos o un ataque DDoS. Esto permite evaluar la coordinación entre áreas, el cumplimiento de los tiempos de respuesta y la efectividad de los procedimientos.

4. Validación de controles específicos: Probar medidas técnicas como sistemas de detección de intrusos (IDS), autenticación multifactorial y políticas de cifrado para garantizar que funcionan como se espera en condiciones reales.

Validación Integral de Políticas de Seguridad

Un enfoque así no solo asegura que la política sea funcional y robusta, sino que también fortalece la preparación del personal ante posibles amenazas.

3.2.6. Documentación clara

La política debe estar documentada de manera organizada, utilizando un lenguaje accesible que permita su comprensión por todos los miembros de la organización. Una estructura detallada y modular facilita la consulta y actualización de la política. Un ejemplo de estructura enriquecida podría incluir:

1. Introducción: Explicación clara del propósito y el alcance de la política, detallando por qué es necesaria y a quiénes afecta. Por ejemplo, "Esta política establece los lineamientos para proteger los datos confidenciales de clientes y garantizar el cumplimiento con regulaciones como GDPR e ISO 27001".

2. Objetivos: Metas específicas y medibles, como "reducir incidentes de seguridad en un 20% en el próximo año", "implementar autenticación multifactorial en todos los sistemas críticos" o "asegurar la capacitación de todo el personal en ciberseguridad para finales del trimestre".

3. Medidas de seguridad: Descripción exhaustiva de los controles específicos implementados, clasificados en técnicos, administrativos y físicos. Por ejemplo:

   ⇨ Técnicos: Implementación de cifrado TLS para comunicaciones electrónicas.

   ⇨ Administrativos: Auditorías trimestrales para verificar el cumplimiento de las políticas.

   ⇨ Físicos: Restricción de acceso a los servidores mediante tarjetas inteligentes.

4. Roles y responsabilidades: Identificación clara de quién es responsable de qué. Por ejemplo:

   ⇨ El equipo de TI es responsable de implementar y monitorear las medidas técnicas.

   ⇨ El personal administrativo debe asegurar el cumplimiento diario de las políticas en su ámbito de trabajo.

⇨ Los usuarios finales deben reportar incidentes de seguridad y seguir las directrices establecidas.

5. Procedimientos: Instrucciones detalladas para implementar la política, como "Pasos para reportar un incidente de seguridad", "Guía para crear contraseñas seguras" o "Procedimiento para realizar copias de seguridad diarias". Estos procedimientos deben incluir diagramas de flujo o gráficos, si es posible, para facilitar su comprensión.

Pasos para una Documentación de Políticas Efectiva

Comprensión Generalizada

Lograr que todos los miembros comprendan y sigan las políticas.

Actualización Sin Problemas

Facilitar la revisión y el ajuste regulares de las políticas.

Consulta Fácil

Permitir el acceso y la referencia sin problemas a las políticas.

Estructura Detallada

Organizar las políticas de manera completa y clara.

Lenguaje Accesible

Asegurarse de que el contenido sea comprensible para todos los miembros de la organización.

3.2.7. Implementación y comunicación

La implementación debe ir acompañada de un plan de comunicación efectivo y multidimensional para garantizar que todos los empleados comprendan y adopten las directrices de la política. Esto incluye:

Actividad	Descripción	Ejemplo
Sesiones de formación prácticas	Realizar talleres presenciales o virtuales que combinen teoría con ejercicios prácticos.	Simular un ataque de phishing para que los empleados aprendan a identificar correos sospechosos en tiempo real.
Distribución de manuales resumidos y guías rápidas	Diseñar materiales visualmente atractivos que expliquen los puntos clave de la política.	"10 pasos para proteger tu cuenta corporativa" o "Guía rápida para reportar incidentes".
Uso de plataformas interactivas	Implementar plataformas de e-learning con módulos específicos para cada departamento.	El área de TI podría tener acceso a contenidos sobre configuración segura de redes, mientras que el personal administrativo aprendería sobre la gestión segura de datos sensibles.
Canales de comunicación interna	Utilizar boletines electrónicos, aplicaciones de mensajería corporativa o carteles en áreas comunes para reforzar mensajes clave.	"Protege tus contraseñas: ¡hazlas únicas y seguras!".
Mecanismos de retroalimentación	Crear encuestas y buzones anónimos para que los empleados puedan expresar dudas, sugerencias o preocupaciones relacionadas con la política de seguridad	No aplica

Por ejemplo, una empresa puede implementar un curso e-learning sobre ciberseguridad que incluya módulos interactivos, evaluaciones prácticas y recompensas simbólicas para fomentar la participación. Este enfoque asegura que los empleados no solo reciban la información, sino que también comprendan cómo aplicarla en su trabajo diario.

3.2.8. Seguimiento y revisión

Es fundamental monitorear el cumplimiento de la política y realizar revisiones periódicas mediante un enfoque sistemático y basado en métricas claras. Esto incluye:

1. Auditorías regulares: Planificar auditorías internas y externas para evaluar el cumplimiento de los controles de seguridad implementados. Por ejemplo, verificar que los sistemas críticos estén protegidos con autenticación multifactorial o que las políticas de contraseñas se respeten en todos los niveles de la organización.

2. Análisis de incidentes: Estudiar en profundidad cualquier incidente de seguridad ocurrido, como intentos de acceso no autorizado o brechas de datos, para identificar debilidades en los controles existentes y proponer mejoras inmediatas.

3. Revisión de amenazas emergentes: Analizar informes de ciberseguridad globales y tendencias recientes para actualizar las políticas frente a nuevas amenazas, como variantes avanzadas de ransomware o ataques a dispositivos IoT.

4. Evaluación del desempeño de las medidas: Establecer indicadores clave de rendimiento (KPI), como la cantidad de intentos de phishing detectados o el tiempo promedio de respuesta ante incidentes, para medir la efectividad de las políticas y ajustarlas según sea necesario.

Ejemplo práctico: Una organización tecnológica realiza revisiones semestrales de su política de seguridad, identificando áreas de mejora a partir de auditorías internas. Tras detectar que un aumento en intentos de phishing no estaba siendo reportado por los empleados, implementan una capacitación específica en ciberseguridad y actualizan su política para incluir simulaciones de phishing trimestrales. Este enfoque garantiza que las políticas sigan siendo efectivas y alineadas con normativas como ISO 27001 o GDPR.

Monitoreo y Revisión de Políticas de Seguridad

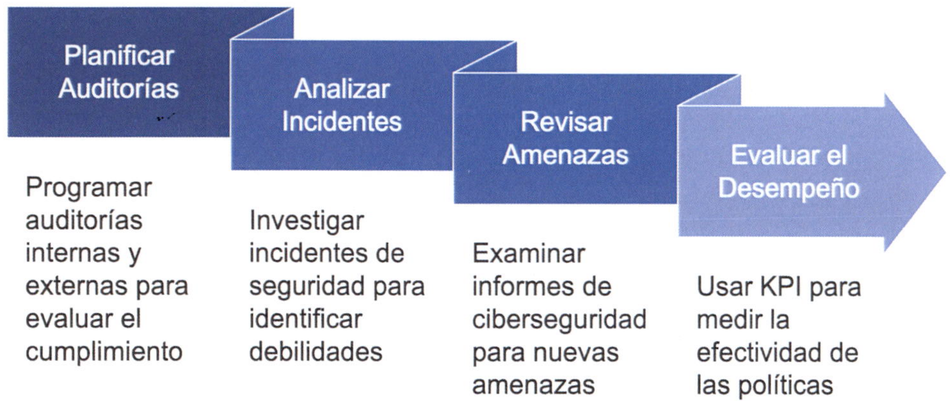

Programar auditorías internas y externas para evaluar el cumplimiento

Investigar incidentes de seguridad para identificar debilidades

Examinar informes de ciberseguridad para nuevas amenazas

Usar KPI para medir la efectividad de las políticas

4. DESARROLLO DE UNA POLÍTICA DE PREVENCIÓN DE INCIDENTES DE SEGURIDAD

4.1. Definición de incidentes de seguridad

Un incidente de seguridad se define como cualquier evento, ya sea intencionado o accidental, que ponga en riesgo la confidencialidad, integridad o disponibilidad de los activos de información de una organización. Estos activos incluyen datos digitales, infraestructura tecnológica, sistemas de comunicación y documentación física.

Los incidentes de seguridad pueden abarcar desde errores humanos y fallos técnicos hasta ciberataques sofisticados organizados por actores malintencionados.

Es fundamental que las organizaciones comprendan la diversidad de escenarios que pueden constituir un incidente de seguridad para establecer medidas preventivas adecuadas y protocolos de respuesta efectivos.

Por ejemplo, un simple error en la configuración de un sistema puede convertirse en un vector para un ataque mayor, como una brecha de datos o una interrupción significativa de las operaciones.

4.1.1. Tipos comunes de incidentes de seguridad:

1. Ciberataques:

   ⇨ Los ataques de ransomware son una de las formas más perjudiciales de ciberataques, ya que bloquean el acceso a datos o sistemas críticos de una organización, exigiendo un rescate para su liberación. Este tipo de ataque puede paralizar operaciones completas, especialmente en sectores como la salud o las finanzas.

   Por otro lado, el phishing representa una amenaza común pero igualmente peligrosa, en la que los atacantes engañan a los empleados mediante correos o mensajes fraudulentos para obtener información confidencial, como contraseñas o datos bancarios. Finalmente, los ataques de denegación de servicio (DoS/DDoS) tienen como objetivo interrumpir las operaciones al sobrecargar servidores o redes con tráfico excesivo, afectando la disponibilidad de servicios críticos y causando pérdidas significativas tanto en términos financieros como operativos.

2. Errores humanos:

   ⇨ El envío accidental de información confidencial a destinatarios incorrectos es un error común que puede derivar en la exposición de datos sensibles, afectando tanto la confianza como la seguridad de la organización. Por ejemplo, un correo enviado con información financiera a un proveedor equivocado puede generar riesgos legales y financieros.

   Por otro lado, el uso de contraseñas débiles o compartidas entre empleados facilita el acceso no autorizado a sistemas críticos, convirtiéndose en un punto de entrada para ataques cibernéticos. Finalmente, las configuraciones incorrectas de sistemas, como bases de datos accesibles públicamente o permisos mal asignados, representan riesgos significativos. Estos errores pueden permitir que actores malintencionados exploten vulnerabilidades y accedan a información privada sin restricciones, comprometiendo la integridad y confidencialidad de los datos.

3. Fallos técnicos: Los fallos técnicos abarcan problemas como interrupciones de energía que pueden detener operaciones críticas, especialmente en infraestructuras no preparadas con sistemas de respaldo adecuados, como UPS (Uninterruptible Power Supply) o generadores. Además, fallos en la infraestructura de TI, como redes inestables o servidores mal configurados, pueden afectar directamente la productividad y los niveles de servicio.

   Otro aspecto clave son las vulnerabilidades no parchadas en sistemas o aplicaciones, que son puntos de entrada para ciberataques. Por ejemplo, un sistema operativo desactualizado puede contener fallos conocidos que los atacantes explotan para obtener acceso no autorizado o causar interrupciones. Para prevenir este tipo de fallos, es fundamental implementar un proceso de gestión de parches, que incluya la monitorización de actualizaciones críticas y su aplicación regular en los sistemas afectados.

4. Incidentes físicos: Los incidentes físicos son aquellos eventos que comprometen la seguridad de la organización a nivel tangible. Un ejemplo común es el robo de dispositivos que contienen información confidencial, como ordenadores portátiles, discos duros externos o smartphones corporativos. Este tipo de incidentes puede resultar en la exposición de datos sensibles si no se cuenta con medidas como cifrado de dispositivos y políticas de borrado remoto.

   Otro ejemplo es el acceso no autorizado a instalaciones físicas, que podría permitir a actores malintencionados manipular sistemas, sustraer información o sabotear infraestructura crítica. Por ejemplo, un intruso que accede a un centro de datos sin la debida autorización podría desconectar servidores clave, interrumpiendo operaciones esenciales.

   Para mitigar estos riesgos, las organizaciones deben implementar medidas como controles de acceso estrictos mediante tarjetas inteligentes, sistemas de videovigilancia con monitoreo en tiempo real, y registros de entrada y salida en áreas críticas. Además, es crucial educar a los empleados sobre la importancia de proteger físicamente los equipos y reportar comportamientos sospechosos en las instalaciones.

4.1.2. Impacto de los incidentes de seguridad:

Los incidentes pueden tener consecuencias significativas, tales como:

- Pérdidas financieras: Derivadas de interrupciones operativas, demandas legales o multas regulatorias.
- Dañar la reputación: La pérdida de confianza por parte de clientes y socios.
- Exposición de datos: Robo de información confidencial que afecta a clientes o empleados.

4.1.3. Importancia de una política de prevención:

Una política de prevención de incidentes establece un marco claro y estructurado para identificar, gestionar y mitigar eventos que puedan comprometer la seguridad de los activos de la organización. Este tipo de política se basa en la identificación de posibles riesgos, la implementación de medidas preventivas y la creación de protocolos claros de actuación ante cualquier eventualidad. Define las responsabilidades específicas de cada miembro de la organización, desde la alta dirección hasta los usuarios finales, y establece procesos de monitoreo continuo que permitan detectar irregularidades antes de que escalen en incidentes mayores.

Una política efectiva también incluye medidas de mitigación, como la adopción de tecnologías avanzadas para monitoreo y detección de amenazas, realización de auditorías regulares para evaluar la eficacia de los controles existentes y capacitación continua del personal para garantizar que todos los empleados estén preparados para identificar y responder a potenciales riesgos.

4.2. Protocolos de actuación y respuesta ante incidentes

Los protocolos de actuación y respuesta ante incidentes son un conjunto de procedimientos detallados diseñados para gestionar eficazmente los eventos de seguridad cuando estos ocurren. Estos protocolos buscan minimizar el impacto del incidente, restaurar la normalidad en las operaciones y prevenir recurrencias.

4.2.1. Fases de un protocolo de respuesta:

1. Detección y análisis: En esta fase, se busca identificar tempranamente las señales de alerta que indiquen posibles incidentes de seguridad. Estas señales pueden incluir comportamientos anómalos en los sistemas, como un aumento inesperado en el tráfico de red o accesos fuera de los horarios habituales, alertas generadas por herramientas de seguridad como sistemas de detección de intrusos (IDS) y reportes de empleados sobre actividades sospechosas.

   El análisis inicial debe determinar la naturaleza del incidente (si es un ataque, error humano o fallo técnico), el alcance (qué sistemas o datos están comprometidos) y su gravedad (potencial impacto financiero, reputacional o legal). Para ello, es clave contar con un equipo de respuesta bien preparado que utilice herramientas avanzadas, como software de análisis forense y sistemas de correlación de eventos (SIEM), para recopilar y analizar datos en tiempo real. Esta fase es crítica para tomar decisiones rápidas y bien informadas sobre las acciones a seguir.

2. Contención: Implementar medidas inmediatas y bien coordinadas para limitar el daño causado por un incidente de seguridad es una de las etapas más críticas del protocolo. Esto incluye una serie de acciones estratégicas, como desconectar de la red los sistemas afectados para evitar una propagación adicional del daño, bloquear cuentas de usuario sospechosas que puedan haber sido comprometidas y detener procesos vulnerables que estén siendo explotados.

Además, es fundamental establecer una comunicación clara y rápida entre los equipos involucrados para garantizar que las acciones de contención se ejecuten de manera sincronizada. Esto podría incluir el uso de herramientas de gestión de incidentes para coordinar las respuestas en tiempo real y registrar cada acción realizada. En incidentes más complejos, como ataques de ransomware, se pueden crear entornos de aislamiento para analizar el impacto del ataque sin comprometer el resto de los sistemas.

3. Erradicación: La fase de erradicación se centra en identificar y eliminar completamente la causa raíz del incidente para evitar su recurrencia. Este proceso debe incluir la eliminación minuciosa de malware mediante herramientas especializadas de limpieza y análisis, la corrección de vulnerabilidades previamente identificadas, como configuraciones inseguras o software desactualizado, y la realización de auditorías para garantizar que no queden restos de la amenaza.

   Además, es crucial revisar y ajustar las configuraciones de los sistemas afectados para fortalecer su seguridad. Esto podría incluir la implementación de parches, ajustes en los permisos de acceso y la actualización de reglas de firewall. En incidentes complejos, como los ataques de ransomware, puede ser necesario trabajar en entornos aislados para garantizar que las acciones correctivas no afecten a otros sistemas de producción.

   Una parte esencial de esta fase es documentar cada acción realizada, lo que no solo facilita las auditorías posteriores, sino que también contribuye al aprendizaje organizacional y la mejora continua de los protocolos de respuesta.

4. Recuperación: Restaurar los sistemas y servicios afectados es un paso crucial para garantizar la continuidad operativa tras un incidente de seguridad. Este proceso debe enfocarse no solo en devolver los sistemas a su funcionalidad normal, sino en asegurar que se encuentren en un estado seguro. Las acciones clave incluyen la restauración de copias de seguridad verificadas previamente para garantizar que no contengan malware, la validación exhaustiva de la integridad de los datos para detectar posibles alteraciones y la realización de pruebas de funcionalidad en los sistemas restaurados.

Además, es esencial actualizar todas las configuraciones y parches necesarios antes de reintroducir los sistemas en la red operativa. Esto incluye ajustar reglas de firewall, revisar accesos y permisos, y realizar auditorías de seguridad para confirmar que no quedan vulnerabilidades explotables. La recuperación debe ir acompañada de una supervisión continua para detectar cualquier actividad anómala y garantizar que los sistemas restaurados se mantengan protegidos frente a futuros incidentes.

5. Lecciones aprendidas: La fase de lecciones aprendidas es fundamental para convertir los incidentes en oportunidades de mejora continua. Este proceso comienza con la documentación detallada de todos los aspectos del incidente, incluyendo los eventos previos, las medidas de contención, erradicación y recuperación implementadas, así como los resultados obtenidos. Este registro debe ser lo más preciso posible, ya que servirá como base para análisis posteriores y auditorías futuras.

   Posteriormente, se deben analizar las debilidades detectadas durante la gestión del incidente. Esto incluye identificar fallos en los sistemas técnicos, lagunas en los protocolos existentes, y comportamientos humanos que pudieron contribuir al incidente. Un enfoque multidisciplinario, que incluya a equipos de TI, gerentes de áreas afectadas y expertos en seguridad, garantiza que el análisis sea integral.

   Con base en este análisis, los protocolos deben ser revisados y actualizados para abordar las deficiencias identificadas. Esto puede incluir la incorporación de nuevas herramientas tecnológicas, ajustes en los procedimientos operativos, y la implementación de programas de capacitación específicos para reforzar las habilidades del personal.

   Finalmente, es esencial involucrar a todas las partes interesadas en este proceso, asegurando que las mejoras sean comprensibles, viables y ampliamente aceptadas dentro de la organización. La retroalimentación de los empleados que estuvieron directamente involucrados en el incidente puede proporcionar perspectivas valiosas para prevenir futuras ocurrencias.

4.2.2. Elementos esenciales del protocolo:

- ⇨ Roles y responsabilidades: Definir claramente quién es responsable de cada acción durante la gestión del incidente.
- ⇨ Herramientas de soporte: Utilizar sistemas de gestión de incidentes, software de análisis de amenazas y herramientas de monitoreo en tiempo real.
- ⇨ Comunicación interna y externa: Establecer un plan de comunicación claro para informar a empleados, clientes y reguladores según corresponda.

5. Hacer que se cumplan las decisiones sobre estrategias y políticas

5.1. Difusión interna de la política

Para garantizar el cumplimiento de las estrategias y políticas de seguridad, es fundamental implementar un plan de difusión interna efectivo. Este plan debe enfocarse en comunicar de manera clara, accesible y comprensible los objetivos, directrices y procedimientos establecidos en la política de seguridad, asegurando que todos los empleados conozcan sus responsabilidades y la importancia de cumplir con estas directrices.

5.1.1. Estrategias clave para la difusión interna:

1. Liderazgo visible: La alta dirección debe involucrarse activamente en la comunicación de la política, mostrando su compromiso mediante mensajes claros y regulares dirigidos a todos los empleados, reuniones organizacionales y la participación directa en actividades relacionadas con la seguridad. Además, los líderes deben modelar comportamientos de seguridad ejemplares, como el uso de contraseñas robustas, la habilitación de autenticación multifactorial en sus cuentas y el reporte inmediato de incidentes o actividades sospechosas. Este ejemplo no solo inspira confianza, sino que también establece un estándar de referencia para el resto del personal.

Asimismo, la alta dirección debe garantizar que los recursos necesarios, como tiempo y herramientas, estén disponibles para que los empleados puedan cumplir con las políticas de seguridad. Este liderazgo proactivo fomenta una cultura organizacional basada en la prevención y la resiliencia ante amenazas, mientras resalta la relevancia estratégica de la política para el éxito de la organización.

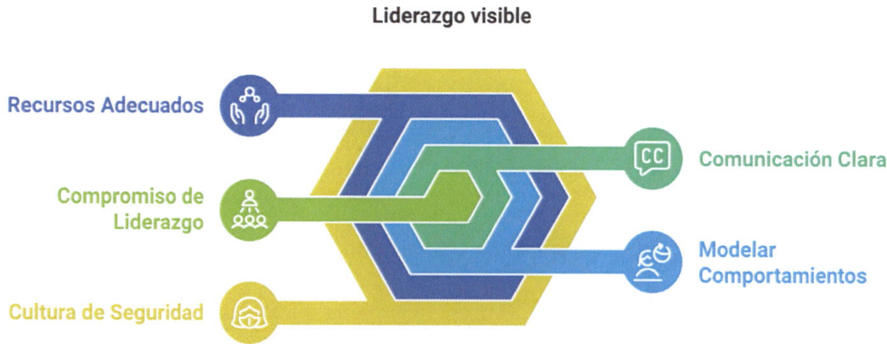

2. Sesiones de capacitación: Organizar talleres, cursos y simulaciones diseñados específicamente para distintos niveles y roles dentro de la organización. Estas sesiones deben ser altamente interactivas y adaptadas a las necesidades particulares de cada grupo. Por ejemplo:

   - ⇨ Talleres para equipos técnicos: Simulaciones avanzadas de ataques de ransomware, análisis forense de incidentes y configuraciones seguras de sistemas y redes. Estas actividades deben incluir estudios de caso basados en incidentes reales y ejercicios prácticos donde los participantes solucionen problemas en tiempo real.

   - ⇨ Capacitación para personal administrativo: Enfoque en el reconocimiento de intentos de phishing, manejo seguro de información confidencial y uso adecuado de herramientas corporativas. Las sesiones pueden incluir ejemplos visuales de correos fraudulentos y ejercicios de rol para practicar cómo responder adecuadamente.

   - ⇨ Formación para alta dirección: Talleres que enfatizan la importancia estratégica de la ciberseguridad, gestión de riesgos y cómo liderar durante un incidente de seguridad. Este enfoque asegura que los líderes comprendan su papel en la protección de la organización y puedan tomar decisiones informadas en situaciones críticas.

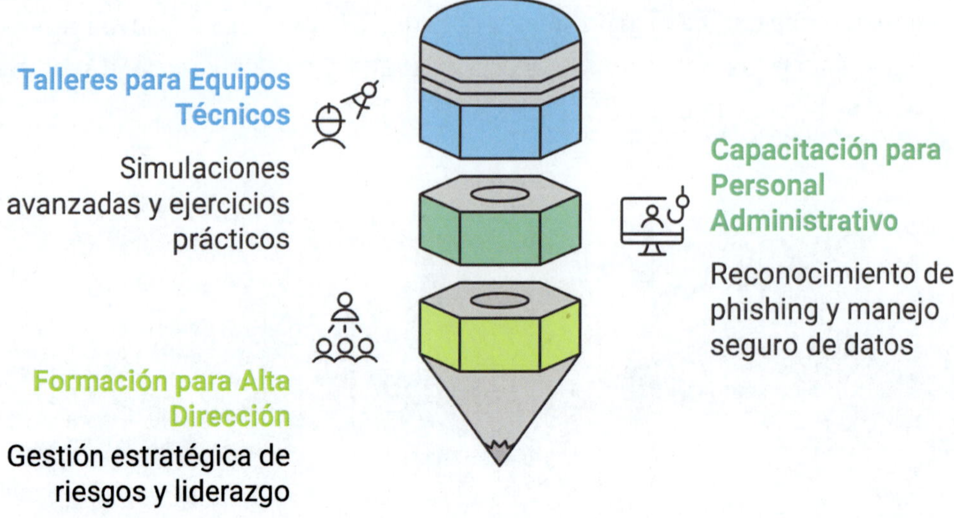

Además, todas las sesiones deben incorporar retroalimentación inmediata, evaluaciones prácticas y espacios para que los empleados planteen dudas específicas. Es recomendable complementar estas actividades con recursos de apoyo, como módulos de e-learning que permitan a los empleados reforzar sus conocimientos de forma autónoma y a su propio ritmo.

3. Materiales educativos: Diseñar y distribuir materiales educativos de alta calidad, como manuales detallados, guías rápidas con pasos prácticos, infografías visualmente atractivas y videos explicativos que aborden diferentes aspectos de la política de seguridad. Estos recursos deben estar disponibles en múltiples formatos, tanto digitales como impresos, y distribuidos estratégicamente a través de plataformas internas como intranets, aplicaciones de comunicación corporativa, tablones físicos en áreas comunes y correos electrónicos periódicos.

   Para maximizar su efectividad, los materiales deben incluir elementos adicionales como:

- ⇨ Preguntas frecuentes (FAQs): Respuestas claras a las inquietudes más comunes sobre la política de seguridad.
- ⇨ Casos de éxito: Ejemplos reales de cómo la implementación de la política ha prevenido incidentes o mejorado la seguridad en la organización.
- ⇨ Infografías temáticas: Representaciones visuales de conceptos clave, como "Cómo crear una contraseña segura" o "Qué hacer en caso de un correo sospechoso".
- ⇨ Microvideos: Clips cortos con ejemplos prácticos, como la forma correcta de reportar un incidente o configuraciones recomendadas para dispositivos corporativos.

Además, los materiales deben actualizarse periódicamente para reflejar cambios en las políticas, nuevas amenazas y las mejores prácticas emergentes. De esta manera, los empleados siempre tendrán acceso a información relevante y actualizada que refuerce la confianza en la política y fomente su cumplimiento.

4. Campañas internas de sensibilización: Implementar campañas continuas y dinámicas para mantener la relevancia y visibilidad de las políticas de seguridad en toda la organización. Estas campañas deben incluir una combinación de estrategias que capten la atención de los empleados y fomenten su participación.

   Eventos temáticos: Organizar iniciativas como el "Mes de la Ciberseguridad", que incluyan actividades específicas cada semana, como charlas con expertos, talleres interactivos y sesiones de preguntas y respuestas en vivo. Estas actividades pueden complementarse con material promocional, como camisetas o insignias con mensajes relacionados con la seguridad.

   Simulaciones de incidentes: Realizar ejercicios prácticos, como simulaciones regulares de phishing, ataques de ransomware o pérdida de dispositivos corporativos. Estas simulaciones deben ir acompañadas de retroalimentación detallada para ayudar a los empleados a comprender qué hicieron bien y qué podrían mejorar.

Recordatorios visuales: Diseñar contenido visual atractivo que refuerce prácticas clave de seguridad. Esto incluye pósteres en áreas comunes, pantallas de inicio en equipos corporativos y fondos de pantalla con mensajes de concienciación. También se pueden enviar correos electrónicos semanales con "Consejo de seguridad de la semana".

Concursos y reconocimientos: Crear programas de incentivos que premien a los empleados que destaquen en el cumplimiento de buenas prácticas de seguridad. Por ejemplo, otorgar certificados o premios simbólicos al "Detector de phishing del mes" o al equipo con la mejor tasa de participación en simulaciones.

Campañas multicanal: Asegurarse de que las campañas lleguen a todos los empleados utilizando múltiples canales de comunicación, como intranets, aplicaciones móviles corporativas, reuniones de equipo y boletines informativos. Este enfoque garantiza que el mensaje sea consistente y accesible para todos, independientemente de su ubicación o rol.

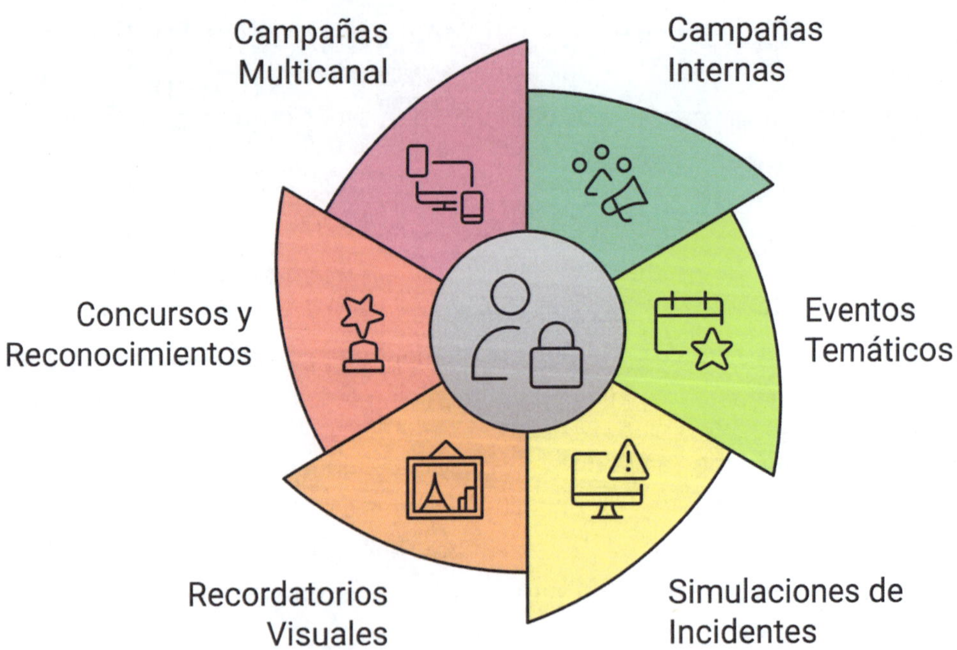

Al enriquecer estas campañas con actividades dinámicas, premios motivadores y recordatorios constantes, se puede cultivar una cultura de seguridad sólida y proactiva dentro de la organización.

5. Canales de comunicación bidireccionales: Crear espacios abiertos y efectivos para la retroalimentación, como reuniones regulares con equipos específicos, buzones anónimos, encuestas en línea y foros de discusión interactivos. Estas herramientas deben diseñarse para garantizar que los empleados puedan expresar libremente sus inquietudes, sugerencias o problemas relacionados con la política de seguridad, sin temor a represalias.

   Para maximizar su eficacia, los canales deben complementarse con herramientas digitales que permitan un seguimiento automatizado de las respuestas y métricas de participación. Las reuniones regulares pueden incluir sesiones específicas dedicadas a analizar casos recientes de incidentes y proponer soluciones prácticas desde la perspectiva de los empleados. Los buzones anónimos deben estar accesibles tanto en formato físico como digital, garantizando que todos los trabajadores, incluidos los que operan en remoto, puedan participar.

   Además, es crucial que las inquietudes planteadas a través de estos canales sean respondidas de manera transparente y oportuna. Esto puede incluir informes trimestrales que resuman las acciones tomadas en respuesta a los comentarios recibidos y talleres de actualización en los que se presenten los cambios implementados como resultado de la retroalimentación. La combinación de estos elementos no solo fortalece la confianza en la política, sino que también promueve una cultura organizacional de colaboración y mejora continua.

5.1.2. Medición del impacto:

Evaluar la efectividad de la difusión de políticas de seguridad requiere un enfoque integral que combine métricas cuantitativas y cualitativas. A continuación, se detallan las principales áreas de medición y cómo implementarlas de manera efectiva:

1. Porcentaje de empleados capacitados y certificados:

Monitorear la participación en programas de formación y el porcentaje de empleados que completaron las evaluaciones con éxito. Esto implica registrar el número de empleados que asisten a los cursos de capacitación sobre políticas de seguridad, así como cuántos de ellos pasan las evaluaciones posteriores con puntuaciones satisfactorias. Este monitoreo puede desglosarse por departamentos o funciones específicas dentro de la organización para identificar áreas que requieran mayor atención o capacitación adicional.

Además, se puede hacer seguimiento a lo largo del tiempo para ver si hay una mejora continua en las tasas de participación y certificación, lo cual indicaría un avance positivo en la formación y concienciación de los empleados sobre la seguridad.

2. Número y calidad de consultas:

   Analizar tanto el volumen como la relevancia de las consultas recibidas a través de canales habilitados, como buzones anónimos o encuestas. Las consultas pueden categorizarse para identificar patrones comunes de dudas o áreas de confusión en las políticas. Este análisis no solo ayuda a comprender mejor las inquietudes y necesidades de los empleados, sino que también proporciona información valiosa para ajustar y mejorar las políticas de seguridad.

   Además, la calidad de las consultas puede evaluarse considerando la especificidad y la profundidad de las preguntas planteadas, lo cual puede reflejar el nivel de comprensión y compromiso de los empleados con respecto a las políticas de seguridad.

3. Resultados de simulaciones de incidentes:

   Evaluar indicadores clave como la tasa de detección de correos de phishing en simulaciones y el tiempo promedio de respuesta ante ejercicios de simulación de ciberataques. Estas métricas ayudan a determinar el nivel de concienciación y preparación del personal. Las simulaciones de incidentes proporcionan una oportunidad para comprobar cómo los empleados aplican en la práctica los conocimientos adquiridos durante las capacitaciones.

Además, permiten identificar áreas específicas en las que los procedimientos pueden ser mejorados y adaptados para ser más efectivos. El seguimiento de estos resultados a lo largo del tiempo también puede mostrar tendencias y mejoras en la cultura de seguridad de la organización.

4. Incremento en reportes proactivos:

   Medir el aumento en el número de reportes voluntarios de actividades sospechosas por parte de los empleados. Este indicador es crucial para entender si la cultura de seguridad está mejorando y si los empleados están aplicando lo aprendido en las capacitaciones. Los reportes proactivos pueden incluir situaciones como intentos de phishing, accesos no autorizados, o cualquier comportamiento anómalo que los empleados detecten. La frecuencia y calidad de estos reportes pueden indicar un mayor nivel de vigilancia y responsabilidad entre el personal.

   Además, analizar estos reportes puede proporcionar información valiosa sobre posibles vulnerabilidades no detectadas por otros medios de control y ayudar a fortalecer las políticas de seguridad.

5. Satisfacción de los empleados:

   Realizar encuestas de satisfacción para evaluar si los empleados perciben las políticas como útiles, claras y aplicables. Estas encuestas pueden incluir preguntas abiertas para recoger sugerencias o comentarios adicionales. Evaluar la satisfacción de los empleados no solo proporciona una visión de la aceptación y efectividad de las políticas, sino que también puede resaltar áreas donde se necesita más capacitación o ajustes en la comunicación. Un alto nivel de satisfacción entre los empleados puede indicar que las políticas están bien diseñadas y son fáciles de seguir, lo que contribuye a una cultura de seguridad más robusta y a un entorno de trabajo más seguro.

6. Impacto en la reducción de incidentes:

   Comparar el número de incidentes registrados antes y después de la implementación de las políticas para medir su efectividad en la prevención de riesgos.

Este análisis puede incluir diferentes tipos de incidentes, como violaciones de datos, accesos no autorizados y otros eventos de seguridad. Al observar una disminución en la frecuencia y la gravedad de estos incidentes, se puede inferir que las políticas están teniendo un impacto positivo. Es importante también tener en cuenta factores externos que puedan influir en la variación de los incidentes, para asegurar que la evaluación sea precisa y justa. Además, al analizar estos incidentes, se pueden identificar patrones comunes y áreas vulnerables, lo que permitirá realizar ajustes adicionales en las políticas y mejorar continuamente la postura de seguridad de la organización.

RESUMEN

Es importante establecer políticas de seguridad y ciberseguridad dentro de las organizaciones, destacando su papel como herramientas fundamentales para proteger los activos de información, garantizar la continuidad operativa y cumplir con las normativas legales y estándares internacionales. Este contenido se estructura en varios apartados que desarrollan los conceptos clave, las etapas de formulación y las estrategias necesarias para implementar y hacer cumplir estas políticas de manera efectiva.

El tema comienza con una introducción a las políticas de seguridad, subrayando su relevancia en el contexto actual, donde las amenazas digitales son cada vez más sofisticadas y frecuentes. Las políticas no solo son documentos formales, sino marcos operativos que guían a las organizaciones en la protección de sus sistemas, datos y redes. Además, proporcionan directrices claras para prevenir, gestionar y mitigar incidentes de seguridad que puedan comprometer la confidencialidad, integridad y disponibilidad de la información.

El siguiente apartado detalla los elementos clave de una política de seguridad, que incluyen una definición precisa de objetivos, roles y responsabilidades, medidas específicas de protección, controles de acceso, gestión de incidentes, programas de formación y auditorías periódicas. También se enfatiza lo que no debe contener una política, como ambigüedades, tecnicismos excesivos o directrices irrelevantes, que podrían dificultar su aplicación práctica.

En la formulación de políticas de seguridad informática, se describen los pasos necesarios para su desarrollo, desde la identificación de objetivos y la evaluación de riesgos hasta la alineación con normativas internacionales como ISO 27001 y GDPR. Se destaca la importancia de involucrar a todas las partes interesadas, desde la alta dirección hasta los usuarios finales, para garantizar que las políticas sean realistas y aplicables.

El desarrollo de una política de prevención de incidentes de seguridad se centra en identificar los tipos más comunes de incidentes, como ciberataques, errores humanos, fallos técnicos e incidentes físicos.

A través de ejemplos prácticos, se explican las fases de un protocolo de respuesta, que incluyen detección, contención, erradicación, recuperación y aprendizaje. Estas fases son esenciales para minimizar el impacto de los incidentes y evitar su repetición.

El tema también aborda cómo hacer cumplir las decisiones estratégicas y políticas, resaltando la necesidad de una difusión interna efectiva. Esto incluye estrategias como la capacitación de empleados, campañas de sensibilización y materiales educativos diseñados para todos los niveles de la organización. Además, se propone el uso de métricas para medir el impacto de estas iniciativas, como el porcentaje de empleados capacitados, los resultados de simulaciones de incidentes y el incremento en reportes proactivos.

En conclusión, este tema proporciona una guía integral para el diseño, implementación y evaluación de políticas de seguridad y ciberseguridad, destacando su importancia en un entorno digital cada vez más complejo. Las estrategias presentadas no solo fortalecen la protección de la información, sino que también fomentan una cultura de seguridad en toda la organización, posicionándola mejor para enfrentar los desafíos actuales y futuros.

UNIDAD

1.3. Auditoría y Normativa de Seguridad

Contenido de la Unidad

- Introducción a la Auditoría de Seguridad
- Sistemas de Gestión de Seguridad de la Información (SGSI)
- Definiciones y Clasificación de los Activos
- Seguridad Humana, Física y del Entorno
- Gestión de Comunicaciones y Operaciones
- Control de Accesos
- Gestión de Continuidad del Negocio
- Conformidad y Legalidad
- Utilización de Técnicas y Recursos para el Análisis de Datos
- Resumen

ICB
EDITORES

1. Introducción a la Auditoría de Seguridad

1.1. Introducción

En el entorno empresarial actual, caracterizado por la creciente digitalización y globalización, las amenazas a la seguridad de la información se han convertido en un riesgo significativo para las organizaciones. Desde el robo de datos hasta los ataques de ransomware, estas amenazas tienen el potencial de comprometer no solo la integridad de los sistemas, sino también la reputación y la viabilidad económica de las empresas. Ante este panorama, la auditoría de seguridad se posiciona como una herramienta indispensable para evaluar, reforzar y garantizar la protección de los activos de información.

1.1.1. Definición y Propósito de la Auditoría de Seguridad

Una auditoría de seguridad puede definirse como un proceso sistemático y estructurado que tiene como objetivo evaluar la eficacia de las medidas de protección implementadas en una organización para salvaguardar sus activos de información. Este procedimiento no solo verifica el cumplimiento de normativas y estándares relevantes, sino que también identifica vulnerabilidades y propone mejoras para reducir el riesgo de incidentes.

El propósito principal de una auditoría de seguridad es garantizar que los controles y procedimientos existentes sean adecuados, efectivos y alineados con las políticas organizacionales y los requisitos legales. Esto incluye:

- Evaluar la conformidad con normativas como ISO 27001, GDPR o NIST.
- Identificar puntos débiles en la infraestructura tecnológica y organizativa.
- Proveer recomendaciones basadas en buenas prácticas internacionales.

1.1.2. Relevancia en el Contexto Empresarial

En un contexto donde las infracciones de datos pueden tener consecuencias legales y financieras severas, una auditoría de seguridad proporciona a las empresas una visión clara del estado de sus sistemas. Además, incrementa la confianza de los clientes, socios y partes interesadas al demostrar un compromiso activo con la ciberseguridad.

Por ejemplo, un caso notable es el ataque sufrido por la cadena hotelera Marriott en 2018, donde se expusieron datos de millones de clientes debido a vulnerabilidades no identificadas previamente. Este incidente subraya la necesidad crítica de auditorías periódicas para prevenir o mitigar el impacto de fallos de seguridad.

1.1.3. Elementos Fundamentales de una Auditoría de Seguridad

Fase	Descripción
Planificación	♦ Definir claramente el alcance, los objetivos y los criterios de evaluación de la auditoría. ♦ Identificar a los responsables de cada etapa y asignar los recursos necesarios. Elaborar un cronograma detallado.
Ejecución	♦ Recopilar datos mediante revisiones documentales, pruebas técnicas y entrevistas. ♦ Realizar inspecciones físicas y electrónicas. Analizar la conformidad de los controles de seguridad.
Informe	♦ Documentar los hallazgos, categorizándolos según su nivel de criticidad. ♦ Elaborar un análisis detallado. Proporcionar recomendaciones prácticas y priorizadas.
Seguimiento	♦ Establecer un plan de acción para implementar las mejoras recomendadas. ♦ Verificar periódicamente el estado de las medidas correctivas. Generar informes adicionales.

Las auditorías de seguridad son herramientas dinámicas que se adaptan al crecimiento tecnológico y a los cambios regulatorios. En este sentido, su aplicación no solo responde a la necesidad de cumplir con normativas, sino también a la búsqueda continua de una protección robusta y efectiva.

1.2. Objetivos y Alcance de la Auditoría

Los objetivos de una auditoría de seguridad pueden variar dependiendo de la naturaleza de la organización y de su entorno operativo. Sin embargo, entre los objetivos más comunes se encuentran:

1. **Garantizar el Cumplimiento Normativo:** Verificar que la organización cumple con las normativas y regulaciones aplicables, tales como el Reglamento General de Protección de Datos (GDPR), la Ley de Protección de Datos Personales o estándares internacionales como ISO/IEC 27001.
2. **Identificación de Vulnerabilidades:** Detectar posibles debilidades en los sistemas, procesos y políticas que puedan ser explotadas por amenazas internas o externas.
3. **Evaluación de Controles:** Comprobar la eficacia y adecuación de los controles implementados, asegurándose de que están alineados con los riesgos identificados y con los objetivos de la organización.
4. **Optimización de Recursos:** Identificar oportunidades para mejorar la asignación y el uso de recursos en la protección de activos críticos, garantizando un enfoque eficiente en la gestión de la seguridad.

1.2.1. Alcance de la Auditoría

El alcance de una auditoría de seguridad define los límites y el enfoque de la revisión, garantizando que las actividades realizadas sean coherentes con los objetivos establecidos.

Este alcance incluye:

1. **Áreas de Evaluación:**

   ⇨ **Sistemas Tecnológicos:** Analizar la infraestructura de TI incluyendo servidores, redes, sistemas operativos y aplicaciones. En este proceso se evalúan configuraciones, políticas de acceso y actualizaciones de seguridad.

   ⇨ **Procesos Organizacionales:** Examinar procedimientos operativos, políticas de acceso y respuesta a incidentes, asegurando que estén documentados y se sigan de manera consistente en toda la organización.

   ⇨ **Aspectos Humanos:** Evaluar el nivel de concienciación y formación del personal en temas de ciberseguridad, identificando posibles brechas de conocimiento o prácticas inseguras.

2. **Tipos de Activos:**

   - ⇨ **Datos:** Clasificar los datos según su sensibilidad (datos personales, confidenciales o públicos), analizando cómo son protegidos en términos de acceso, cifrado y almacenamiento.

   - ⇨ **Infraestructura Física:** Inspeccionar la seguridad de los centros de datos, servidores y dispositivos físicos clave para el funcionamiento de la organización.

   - ⇨ **Recursos Humanos:** Considerar al personal con acceso a sistemas críticos, garantizando que las credenciales y permisos sean acordes a sus responsabilidades.

3. **Criterios de Evaluación:**

   - ⇨ **Cumplimiento Normativo:** Comprobar la adhesión a estándares internacionales como NIST, COBIT, ITIL y las políticas internas.

   - ⇨ **Análisis de Riesgos:** Evaluar el impacto y la probabilidad de incidentes en función de la criticidad de los activos, asegurando que las medidas de seguridad sean proporcionales a los riesgos identificados.

   - ⇨ **Madurez de los Controles:** Determinar la efectividad y el nivel de implementación de los controles de seguridad existentes, comparándolos con buenas prácticas reconocidas internacionalmente.

La claridad en los objetivos y el alcance es fundamental para garantizar que la auditoría proporcione un valor tangible y ayude a fortalecer la postura de seguridad de la organización

1.3. Tipos de Auditoría (Interna y Externa)

Las auditorías de seguridad se dividen en dos categorías principales: auditorías internas y auditorías externas. Cada una cumple un propósito específico y presenta ventajas distintas dependiendo de las necesidades de la organización.

1.3.1. Auditorías Internas

Una auditoría interna es llevada a cabo por personal interno de la organización, normalmente perteneciente al departamento de seguridad o cumplimiento, o por un equipo interno especializado. Su principal objetivo es identificar y solucionar problemas de seguridad antes de que puedan ser detectados por auditorías externas o terceros.

En las auditorías internas, el conocimiento detallado de los procesos, políticas, sistemas tecnológicos y cultura organizacional permite identificar con rapidez las áreas críticas o puntos débiles que podrían representar riesgos para la seguridad de la información. Además, su cercanía a las operaciones internas facilita una comunicación más efectiva y fluida con otros departamentos, promoviendo una colaboración interdisciplinaria que puede acelerar la implementación de medidas correctivas.

Otro aspecto destacado es su frecuencia regular. Las auditorías internas suelen realizarse de forma más frecuente que las externas, permitiendo un monitoreo continuo y oportuno del estado de seguridad. Esta regularidad contribuye a la detección temprana de vulnerabilidades y permite programar las auditorías en momentos clave, como actualizaciones de sistemas o implementaciones tecnológicas nuevas.

En cuanto a los costos, las auditorías internas tienden a ser menos costosas debido al uso de recursos internos. Esto permite redirigir presupuestos hacia mejoras o soluciones específicas, maximizando el impacto de las medidas de seguridad implementadas.

1.3.2. Auditorías Externas

Realizadas por entidades independientes, las auditorías externas ofrecen una visión imparcial y un nivel avanzado de especialización. Son ideales para certificar el cumplimiento normativo, evaluar riesgos desde una perspectiva externa y generar confianza entre clientes, reguladores y socios comerciales.

Entre sus beneficios destacan la imparcialidad, el experiencia en normativas internacionales y la credibilidad de los resultados. Aunque su costo puede ser mayor, aportan un valor significativo para garantizar que las medidas de seguridad sean robustas y cumplan con estándares internacionales.

1.3.3. Comparación entre Auditorías

Aspecto	Auditoría Interna	Auditoría Externa
Imparcialidad	Puede estar sesgada debido a la proximidad de los auditores al entorno evaluado.	Totalmente objetiva al ser realizada por un tercero independiente.
Conocimiento del entorno	Profundo conocimiento de los procesos y sistemas internos.	Conocimiento limitado del entorno interno de la organización.
Costo	Generalmente más bajo al utilizar recursos internos.	Más alto debido a la contratación de expertos externos.
Frecuencia	Puede realizarse regularmente como parte de un programa continuo.	Suele realizarse de forma periódica o para cumplir requisitos específicos.
Nivel de competencia	Dependiente de las capacidades internas y el entrenamiento recibido.	Alto, debido a la especialización y experiencia en el campo.
Aceptación externa	Los resultados tienen menos peso frente a reguladores o socios comerciales.	Altamente valorada por clientes, reguladores y terceros.

Ambos tipos de auditorías son complementarios y esenciales para mantener un enfoque integral en la gestión de la seguridad de la información. Las auditorías internas permiten una supervisión constante, mientras que las externas brindan una validación independiente y objetiva del estado de seguridad. La combinación de ambas fortalece significativamente la postura de seguridad organizacional.

2. Sistemas de Gestión de Seguridad de la Información (SGSI)

Un Sistema de Gestión de Seguridad de la Información (SGSI) es un enfoque estructurado y continúo diseñado para proteger la información sensible de una organización frente a diversas amenazas.

Este sistema garantiza la confidencialidad, integridad y disponibilidad de los datos mediante la aplicación de políticas, procedimientos y controles alineados con normativas internacionales como la ISO 27001. Además de proporcionar un marco sostenible para la gestión de riesgos, un SGSI fomenta una cultura organizacional enfocada en la seguridad, involucrando tanto a las tecnologías utilizadas como al personal. Este enfoque holístico asegura que la organización esté preparada para adaptarse a las amenazas emergentes, mantener la confianza de las partes interesadas y cumplir con las obligaciones legales y regulatorias.

2.1. Ciclo de Vida de un SGSI (Planificar, Hacer, Verificar, Actuar)

El ciclo de vida de un SGSI se estructura en torno al modelo PDCA (Plan-Do-Check-Act), una metodología iterativa que fomenta la mejora continua en la gestión de la seguridad de la información. Este modelo permite a las organizaciones abordar de manera proactiva los riesgos asociados a la información, asegurando que los controles implementados sean eficaces y estén alineados con los objetivos estratégicos.

El enfoque PDCA es esencial para mantener la adaptabilidad en un entorno empresarial en constante cambio. Proporciona una estructura sistemática que integra la seguridad de la información en todos los niveles organizacionales, desde la identificación de vulnerabilidades hasta la implementación de soluciones basadas en análisis detallados. Al iterar continuamente a través de estas fases, las organizaciones pueden responder de manera eficiente a las nuevas amenazas tecnológicas, las normativas emergentes y las expectativas de las partes interesadas, asegurando una protección robusta y sostenible para sus activos más valiosos.

2.1.1. **Planificar (Plan):**

En esta fase, la organización diseña la base sobre la cual se desarrollará todo el Sistema de Gestión de Seguridad de la Información. Este paso es crítico, ya que define los cimientos del SGSI y asegura que esté alineado con los objetivos estratégicos de la organización. Incluye:

- **Identificación de riesgos y activos:** En este proceso, se elabora un inventario exhaustivo de los activos de información, clasificándolos según su criticidad y sensibilidad. Asimismo, se analizan las posibles amenazas que puedan comprometer su integridad, confidencialidad o disponibilidad, evaluando su impacto potencial y las vulnerabilidades existentes.

- **Definición de políticas y controles:** Con base en el análisis de riesgos, se desarrollan políticas claras y específicas que orienten las acciones de seguridad dentro de la organización. Estas políticas incluyen directrices para la protección de datos, gestión de accesos, respuesta a incidentes y uso seguro de tecnologías. Además, se identifican y diseñan controles técnicos, administrativos y físicos necesarios para mitigar los riesgos identificados.

- **Planificación de recursos:** Se evalúan los recursos necesarios para implementar y mantener el SGSI, incluyendo el capital humano, tecnológico y financiero. Esto abarca la asignación de roles y responsabilidades, la identificación de herramientas tecnológicas como software de monitoreo o gestión de riesgos, y la estimación presupuestaria para garantizar una implementación eficaz. También se establece un cronograma detallado que define las etapas clave del despliegue del sistema.

2.1.2. **Hacer (Do):**

En esta etapa se llevan a cabo las actividades necesarias para materializar las políticas y controles definidos en la fase de planificación. Estas acciones están dirigidas a garantizar que las estrategias de seguridad sean operativas y eficaces. Las actividades incluyen:

- **Implementación de controles de seguridad:** En esta acción se configuran y despliegan medidas técnicas como firewalls, sistemas de detección de intrusiones y soluciones de encriptación para proteger los datos. Además, se establecen controles administrativos como la definición de roles y permisos de acceso, y controles físicos como la instalación de dispositivos de videovigilancia o cerraduras inteligentes.

- **Gestión de riesgos:** Durante esta fase se aplican estrategias previamente definidas para mitigar los riesgos. Esto incluye la implementación de mecanismos que reduzcan la probabilidad o el impacto de las amenazas, la transferencia de riesgos mediante seguros cibernéticos y, en algunos casos, la aceptación controlada de riesgos residuales.

- **Capacitación y concienciación:** Una pieza clave de esta etapa es la formación continua del personal para garantizar que comprenda y aplique las políticas de seguridad en su trabajo diario. Esto incluye talleres, simulacros de incidentes y la distribución de guías prácticas sobre seguridad, fomentando una cultura organizacional enfocada en la protección de la información.

2.1.3. Verificar (Check):

Durante esta fase, se supervisa y evalúa la efectividad del SGSI de manera exhaustiva para garantizar que las medidas implementadas sean consistentes y eficaces.

Esto implica:

- **Auditorías internas:** Se realizan evaluaciones periódicas y estructuradas de los controles, procedimientos y políticas implementadas. Estas auditorías no solo identifican deficiencias, sino que también evalúan la conformidad con normativas internas y externas, proponiendo acciones correctivas y preventivas según los resultados obtenidos.
- **Monitoreo de incidentes:** Se lleva a cabo un seguimiento continuo de los eventos de seguridad para evaluar la efectividad de los controles en tiempo real. Esto incluye el análisis de patrones de ataque, registros de actividades sospechosas y cualquier otro indicador que permita identificar brechas o debilidades en el sistema.
- **Revisión de indicadores clave:** Se analizan indicadores de desempeño previamente definidos, como el número de incidentes mitigados, el tiempo de respuesta a amenazas y el cumplimiento de los niveles de servicio. Esta revisión permite comparar el desempeño real con los objetivos establecidos, generando informes que respaldan la toma de decisiones estratégicas para la mejora continua.

Proceso de Verificación del SGSI

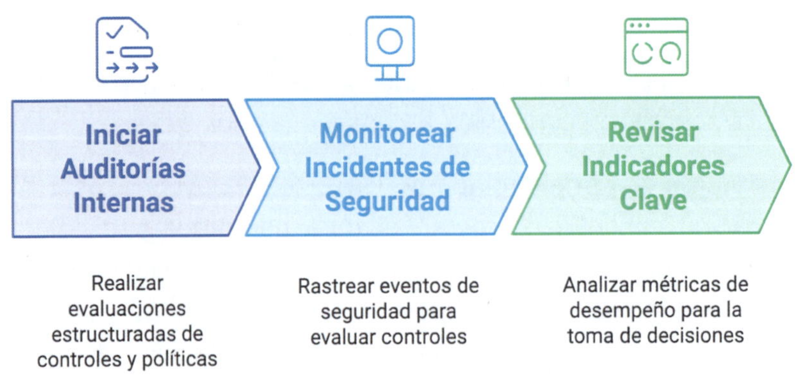

2.1.4. **Actuar (Act):**

Con base en los hallazgos de la fase anterior, se toman medidas correctivas y de mejora que garantizan una respuesta proactiva a los desafíos identificados y aseguran la evolución constante del SGSI:

- **Actualización de políticas:** Se revisan y ajustan las políticas y procedimientos existentes para incorporar nuevos aprendizajes, abordar amenazas emergentes y corregir deficiencias detectadas. Este proceso incluye la modificación de directrices específicas, la implementación de nuevos protocolos de actuación y la alineación con cambios en normativas o estándares internacionales.

- **Revisión estratégica:** Se lleva a cabo una evaluación profunda para garantizar que el SGSI continúe alineado con los objetivos organizacionales y con los cambios en el entorno empresarial y tecnológico. Este análisis considera factores como nuevas tecnologías implementadas, variaciones en la estructura de la organización y cambios en las expectativas de las partes interesadas.

- **Mejora continua:** Se fomenta un enfoque iterativo donde las lecciones aprendidas y las mejores prácticas se incorporan de manera sistemática. Esto incluye la optimización de controles de seguridad, la adopción de herramientas innovadoras y la creación de procesos más eficientes para anticiparse a las necesidades cambiantes de la organización y del mercado.

El ciclo PDCA permite que el SGSI sea un sistema vivo, en constante evolución, que garantiza no solo el cumplimiento normativo, sino también la resiliencia frente a amenazas emergentes.

2.2. Normativas de Referencia (ISO 27001, etc.)

El marco normativo para la gestión de la seguridad de la información está compuesto por un conjunto de estándares internacionales que establecen buenas prácticas para proteger los activos de información de una organización frente a amenazas y vulnerabilidades.

Estas normativas proporcionan directrices detalladas y estructuradas que abarcan desde la identificación de riesgos hasta la implementación de controles específicos y mecanismos de auditoría. Además, sirven como referencia para alinear los procesos de seguridad con los objetivos organizacionales y las normativas legales aplicables. Entre las principales normativas se destacan:

- **NIST Cybersecurity Framework (CSF):** Este marco desarrollado por el Instituto Nacional de Estándares y Tecnología de los Estados Unidos ofrece directrices para gestionar y reducir los riesgos cibernéticos. Está diseñado para ser adaptable a diferentes sectores y tamaños de organización.
- **GDPR (Reglamento General de Protección de Datos):** Aplicable en la Unión Europea, establece requisitos legales específicos para la protección de datos personales. Aunque no es un estándar técnico, su cumplimiento es esencial para garantizar la confidencialidad y privacidad de la información.
- **COBIT (Control Objectives for Information and Related Technologies):** Proporciona un marco integral para la gestión y el gobierno de las TI, asegurando que las prácticas de seguridad estén alineadas con los objetivos empresariales.

2.2.1. ISO/IEC 27001

Este estándar internacional es el pilar central de los SGSI y establece los principios fundamentales para gestionar la seguridad de la información dentro de cualquier organización. Proporciona un enfoque sistemático que incluye:

- **Identificación y análisis de riesgos:** Establece un marco para identificar, evaluar y priorizar los riesgos relacionados con la información.
- **Implementación de controles:** Proporciona una lista exhaustiva de controles específicos, categorizados en áreas como seguridad física, gestión de accesos, criptografía y continuidad del negocio.
- **Documentación y monitoreo:** Exige la elaboración de políticas, procedimientos y registros que respalden la ejecución del SGSI, asegurando la trazabilidad de todas las actividades.
- **Auditorías y certificaciones externas:** Permite a las organizaciones optar por una certificación oficial que valide el cumplimiento de los requisitos del estándar, generando confianza entre clientes y socios comerciales.

Además, ISO/IEC 27001 se complementa con otras normas de la familia 27000, como ISO/IEC 27002, que proporciona directrices prácticas sobre los controles de seguridad, y ISO/IEC 27005, que se centra en la gestión de riesgos de la información. Su adopción no solo mejora la resiliencia frente a incidentes, sino que también garantiza el cumplimiento de requisitos legales y regulatorios a nivel global.

Objetivos de ISO/IEC 27001

- **Mejorar la postura de seguridad:** Fortalecer la capacidad de la organización para proteger sus activos de información contra amenazas y vulnerabilidades.
- **Garantizar la continuidad del negocio:** Asegurar que los procesos críticos puedan continuar operando incluso en presencia de incidentes de seguridad.
- **Cumplir con requisitos legales y regulatorios:** Alinear las prácticas de seguridad de la información con las leyes y regulaciones aplicables a nivel global.
- **Generar confianza:** Demostrar a clientes, socios y otras partes interesadas un compromiso activo con la ciberseguridad y el cumplimiento legal mediante la obtención de certificaciones reconocidas internacionalmente.

La implementación de estas normativas no solo mejora la confianza en los servicios de computación en la nube, sino que también asegura que las organizaciones cumplan con las exigencias legales y regulatorias relacionadas con la seguridad y privacidad de los datos en este entorno altamente dinámico.

La adopción y el cumplimiento de estas normativas no solo fortalecen la postura de seguridad de la organización, sino que también incrementan la confianza de clientes, socios y partes interesadas al demostrar un compromiso activo con la ciberseguridad y el cumplimiento legal.

2.2.2. **ISO/IEC 27017 e ISO/IEC 27018:**

Estas extensiones de la ISO 27001 abordan aspectos específicos de la seguridad y privacidad en entornos de computación en la nube, ofreciendo lineamientos que fortalecen la protección de la información en estos escenarios:

2.2.3. **ISO/IEC 27017:** Gestión de la seguridad en la nube

ISO/IEC 27017 es una extensión de la norma ISO/IEC 27001, específicamente diseñada para abordar los desafíos y riesgos asociados con la seguridad en entornos de computación en la nube.

Este estándar proporciona directrices y controles adicionales para garantizar la protección de la información y la gestión adecuada de la seguridad en servicios cloud.

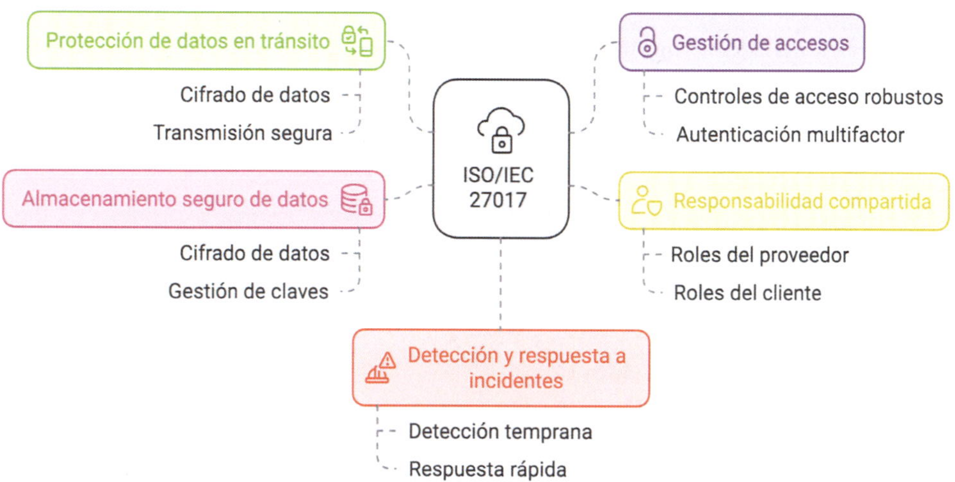

Objetivo de ISO/IEC 27017

El principal objetivo es proporcionar un marco específico para la gestión de la seguridad en la nube, que complemente y amplíe los controles generales de seguridad de la información establecidos por ISO/IEC 27001. De esta manera, se busca minimizar los riesgos y garantizar la protección de los datos en entornos de computación en la nube.

Principales directrices y controles

ISO/IEC 27017 introduce una serie de controles específicos diseñados para abordar los riesgos únicos de la computación en la nube.

A continuación, se detallan algunas de las principales directrices y controles incluidos en este estándar:

⇨ **Protección de datos en tránsito:** Este control se enfoca en garantizar que los datos que se transmiten entre el cliente y el proveedor de servicios en la nube estén adecuadamente protegidos contra accesos no autorizados y manipulaciones.

- **Gestión de accesos:** ISO/IEC 27017 recomienda la implementación de controles de acceso robustos y la autenticación multifactor para asegurar que solo usuarios autorizados puedan acceder a los datos y servicios en la nube.

- **Responsabilidad compartida:** Este estándar establece claramente las responsabilidades de seguridad tanto del proveedor como del cliente del servicio cloud, promoviendo una colaboración efectiva y la definición de roles y responsabilidades claras.

- **Almacenamiento seguro de datos:** Se proporcionan directrices para asegurar que los datos almacenados en la nube estén protegidos contra accesos no autorizados y pérdidas, incluyendo el cifrado de datos y la gestión adecuada de las claves de cifrado.

- **Detección y respuesta a incidentes:** ISO/IEC 27017 enfatiza la importancia de implementar mecanismos efectivos para la detección temprana de vulnerabilidades y la respuesta rápida ante incidentes de seguridad en la nube.

Importancia de ISO/IEC 27017

La adopción de ISO/IEC 27017 es crucial para las organizaciones que utilizan servicios de computación en la nube, ya que proporciona una capa adicional de seguridad y confianza en la gestión de la información. Al implementar este estándar, las organizaciones pueden beneficiarse de:

- **Reducción de riesgos:** La aplicación de los controles específicos de ISO/IEC 27017 ayuda a mitigar los riesgos asociados con la computación en la nube, protegiendo los datos y sistemas contra amenazas y vulnerabilidades.

- **Cumplimiento normativo:** Este estándar facilita el cumplimiento de requisitos legales y regulatorios relacionados con la seguridad de la información en la nube, asegurando que las organizaciones cumplan con las normativas vigentes.

- **Confianza de clientes y socios:** La certificación con ISO/IEC 27017 demuestra un compromiso activo con la ciberseguridad y la protección de datos en la nube, generando confianza entre clientes, socios comerciales y otras partes interesadas.

- ⇨ **Mejora de la resiliencia:** La implementación de las directrices de ISO/IEC 27017 fortalece la capacidad de la organización para responder y recuperarse ante incidentes de seguridad en la nube, asegurando la continuidad del negocio.

ISO/IEC 27017 es un estándar esencial para la gestión de la seguridad en la computación en la nube. Su adopción proporciona un marco robusto y específico que complementa las normativas generales de seguridad de la información, permitiendo a las organizaciones proteger eficazmente sus datos y sistemas en entornos cloud. Al seguir las directrices de ISO/IEC 27017, las organizaciones no solo fortalecen su postura de seguridad, sino que también generan mayor confianza entre sus clientes y socios, asegurando el cumplimiento legal y mejorando su resiliencia ante incidentes de seguridad.

2.2.4. ISO/IEC 27018

Este estándar se centra específicamente en la protección de datos personales en la nube, estableciendo un marco de control objetivo que los proveedores de servicios de nube deben seguir para proteger la información de identificación personal (PII). Este estándar garantiza que los proveedores de servicios en la nube cumplan con principios clave de privacidad, como el consentimiento informado de los usuarios para el procesamiento de datos personales. Esto significa que los usuarios deben estar completamente informados sobre cómo se utilizan sus datos y deben dar su consentimiento explícito antes de que se realicen tales actividades.

El estándar también exige que los proveedores de servicios en la nube sean transparentes en el procesamiento de datos, proporcionando a los usuarios información clara y comprensible sobre qué datos se recopilan, cómo se utilizan, quién tiene acceso a ellos y bajo qué condiciones. Esta transparencia es crucial para generar confianza entre los usuarios y asegurarse de que sus datos personales están siendo manejados de manera ética y responsable.

Además, ISO/IEC 27018 promueve la protección de los datos contra accesos no autorizados. Los proveedores de servicios en la nube deben implementar medidas de seguridad técnicas y organizativas adecuadas para prevenir cualquier acceso, uso o divulgación no autorizados de los datos personales.

Esto incluye el uso de cifrado para proteger los datos en tránsito y en reposo, así como la implementación de controles de acceso estrictos para garantizar que solo el personal autorizado tenga acceso a los datos.

PRINCIPALES DIRECTRICES Y CONTROLES

Directriz	Descripción
Consentimiento informado	Los usuarios deben estar completamente informados sobre cómo se utilizan sus datos y deben dar su consentimiento explícito antes de que se realicen tales actividades.
Transparencia en el procesamiento de datos	Los proveedores de servicios en la nube deben proporcionar a los usuarios información clara y comprensible sobre qué datos se recopilan, cómo se utilizan, quién tiene acceso a ellos y en qué condiciones.
Protección contra accesos no autorizados	Los proveedores deben implementar medidas de seguridad técnicas y organizativas adecuadas para prevenir cualquier acceso, uso o divulgación no autorizados de los datos personales, incluyendo el uso de cifrado y controles de acceso estrictos.
Gestión responsable de los datos	Los proveedores deben tener políticas y procedimientos claros para la eliminación segura de datos cuando ya no sean necesarios.
Auditorías regulares	ISO/IEC 27018 promueve la realización de auditorías internas y externas regulares para verificar el cumplimiento de las políticas y procedimientos establecidos y la implementación de medidas de seguridad necesarias.

El estándar también aborda la importancia de la gestión responsable de los datos, exigiendo que los proveedores de servicios en la nube tengan políticas y procedimientos claros para la eliminación segura de datos cuando ya no sean necesarios.

Esto garantiza que los datos personales no se conserven más tiempo del necesario y que se eliminen de manera que no puedan recuperarse.

Para garantizar que los proveedores de servicios en la nube cumplen con estos requisitos, ISO/IEC 27018 también promueve la realización de auditorías internas y externas regulares. Estas auditorías ayudan a verificar que se están siguiendo las políticas y los procedimientos establecidos, y que se están implementando las medidas de seguridad necesarias para proteger los datos personales.

ISO/IEC 27018 proporciona un marco integral para la protección de datos personales en la nube, abarcando desde el consentimiento y la transparencia hasta la seguridad y la eliminación de datos. Al seguir este estándar, los proveedores de servicios en la nube pueden demostrar su compromiso con la privacidad y la protección de datos, generando confianza entre sus usuarios y asegurando el cumplimiento de las normativas de protección de datos aplicables.

3. Definiciones y Clasificación de los Activos

En el ámbito de la seguridad de la información, los activos representan cualquier recurso valioso para la organización que requiere protección frente a amenazas y riesgos. Identificar, clasificar y gestionar estos activos de manera adecuada es fundamental para priorizar esfuerzos de seguridad y garantizar la continuidad operativa.

Los activos pueden incluir desde elementos tangibles como equipos y hardware, hasta intangibles como la reputación empresarial o datos confidenciales.

3.1. Identificación de los Diferentes Tipos de Activos

La identificación de activos es el primer paso en la gestión efectiva de la seguridad de la información. Este proceso implica catalogar todos los recursos de la organización que son esenciales para su funcionamiento, clasificándolos en las siguientes categorías:

1. **Activos de Información**

Incluyen datos electrónicos, documentos físicos y cualquier otra forma de información que posea valor para la organización. Estos activos constituyen el núcleo de las operaciones empresariales y son esenciales para mantener la competitividad y cumplir con regulaciones legales. Ejemplos:

- **Datos personales de clientes y empleados:** Información sensible como nombres, direcciones, identificaciones y datos financieros que requieren medidas estrictas de protección para garantizar la privacidad y el cumplimiento normativo (por ejemplo, GDPR o CCPA).
- **Propiedad intelectual:** Diseños, patentes, secretos industriales y cualquier tipo de conocimiento técnico o creativo que proporcione una ventaja competitiva a la organización.
- **Bases de datos corporativas:** Repositorios digitales que contienen información crítica sobre operaciones, clientes, proveedores y estadísticas internas, cuya pérdida o acceso no autorizado podría resultar en daños severos a nivel estratégico y financiero.
- **Documentación operativa y contratos:** Incluye manuales, reportes financieros, contratos legales y cualquier otro registro oficial que soporte las actividades empresariales.

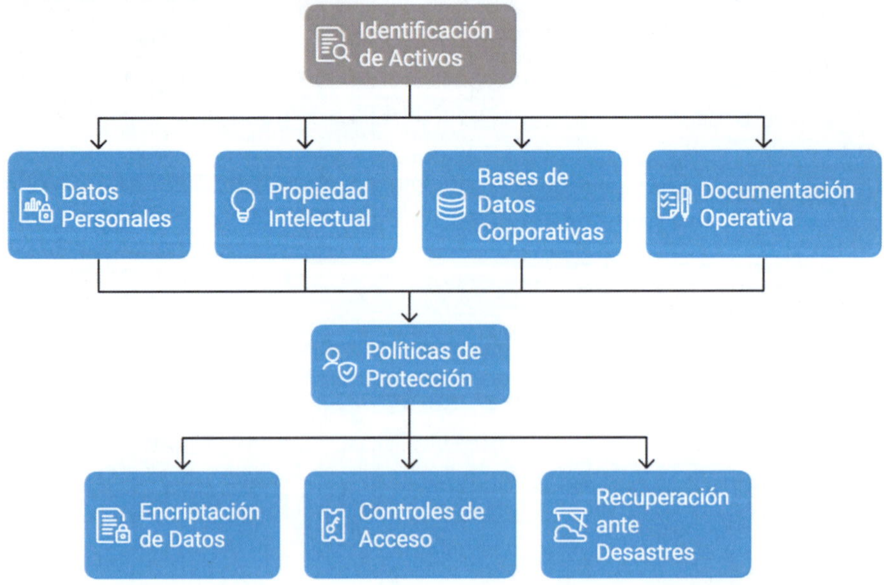

Estos activos deben ser gestionados con políticas específicas, como la encriptación de datos, controles de acceso basados en roles y procedimientos para la recuperación ante desastres, asegurando así su integridad y disponibilidad en todo momento.

2. **Activos Físicos**

Son los elementos tangibles que soportan las operaciones organizacionales y son esenciales para garantizar la continuidad de las actividades empresariales.

Estos activos incluyen:

- **Servidores, estaciones de trabajo y dispositivos móviles:** Elementos fundamentales para la operación de sistemas de información, procesamiento de datos y acceso remoto. Su correcta configuración y mantenimiento son claves para prevenir interrupciones y garantizar la seguridad de la información.
- **Infraestructura de red, como routers y switches:** Estos componentes permiten la conectividad interna y externa, asegurando el flujo de información entre diferentes sistemas y usuarios. Su protección incluye medidas como segmentación de redes, uso de firewalls y monitoreo constante para evitar accesos no autorizados.
- **Instalaciones físicas, incluidas oficinas y centros de datos:** Espacios diseñados para albergar activos tecnológicos y humanos. La seguridad de estas instalaciones abarca controles de acceso físico, sistemas de videovigilancia, protección contra incendios y planes de contingencia frente a desastres naturales o interrupciones energéticas.

La adecuada gestión de los activos físicos implica no solo su mantenimiento, sino también la implementación de políticas que aseguren su disponibilidad, integridad y resiliencia ante posibles amenazas, permitiendo que la organización opere de manera ininterrumpida incluso en escenarios adversos.

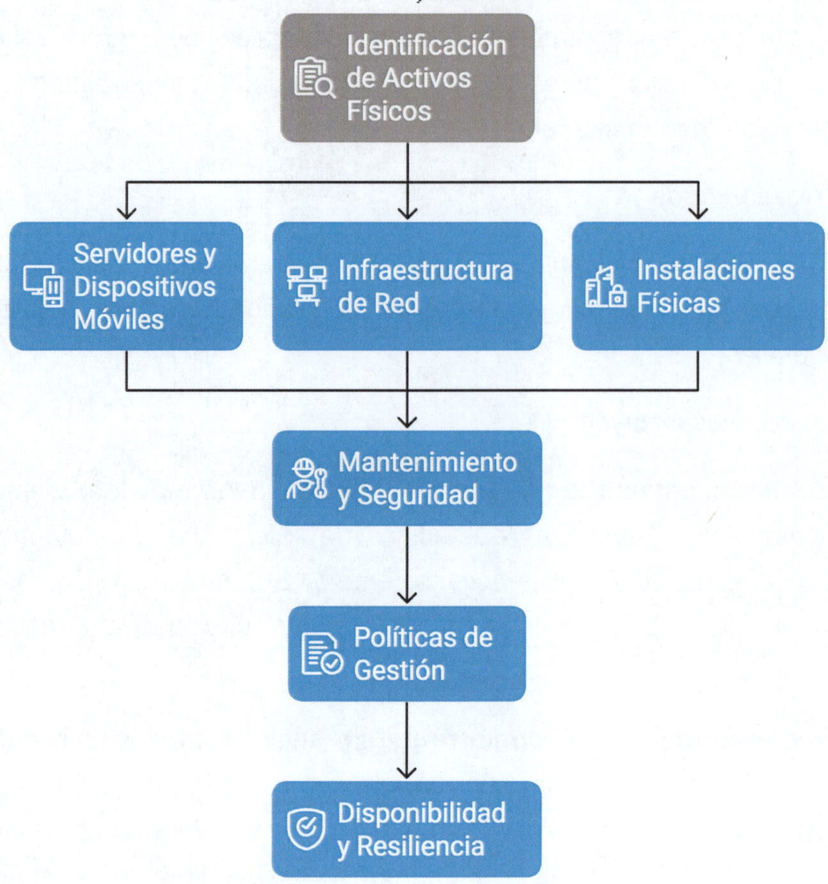

3. **Activos Humanos**

Se refiere al conocimiento, habilidades y capacidades del personal de la organización, quienes representan un recurso estratégico esencial para el éxito de cualquier programa de seguridad. Estos activos no solo incluyen al personal directo de la organización, sino también a los colaboradores externos que desempeñan roles clave en la gestión y protección de la información.

Ejemplos específicos incluyen:

- **Expertos en ciberseguridad:** Profesionales altamente capacitados que diseñan, implementan y monitorean controles de seguridad para proteger los sistemas y datos organizacionales frente a ciberamenazas. Estos expertos son fundamentales para prevenir ataques y responder a incidentes de manera eficaz.

- **Personal operativo con acceso a información confidencial:** Incluye empleados que manejan datos sensibles en sus actividades diarias, como administradores de sistemas, responsables de recursos humanos y contadores. Su concienciación y formación continua en buenas prácticas de seguridad son cruciales para evitar errores humanos.
- **Socios externos que manejan datos sensibles:** Contratistas, proveedores y terceros con acceso a la infraestructura tecnológica o información de la organización. La gestión de estos activos requiere contratos claros, auditorías periódicas y controles específicos para garantizar que cumplan con los estándares de seguridad establecidos.

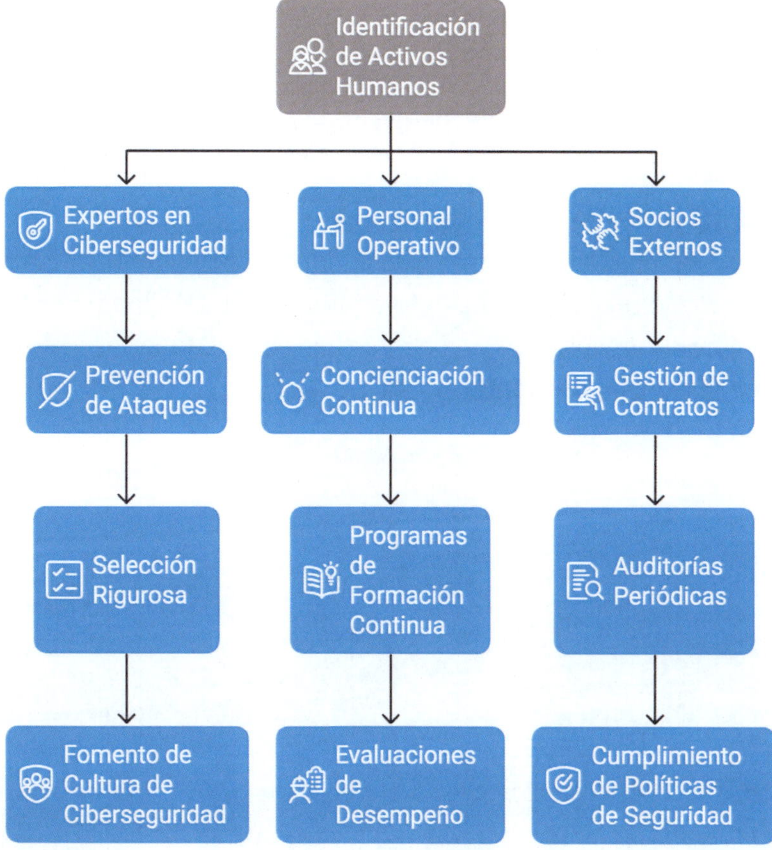

La gestión efectiva de los activos humanos incluye procesos de selección rigurosos, programas de formación continua, estrategias para fomentar la cultura de ciberseguridad y evaluaciones periódicas de desempeño en relación con el cumplimiento de políticas de seguridad.

4. **Activos Tecnológicos**

Comprenden las herramientas, sistemas y tecnologías críticas para el funcionamiento diario y estratégico de la organización. Estos activos desempeñan un papel esencial en la automatización de procesos, la gestión de datos y la seguridad de la infraestructura digital. Ejemplos:

- **Sistemas de gestión empresarial (ERP):** Plataformas integrales que facilitan la administración de recursos, finanzas, inventarios y otros procesos centrales de la empresa. Su funcionalidad es clave para la toma de decisiones estratégicas y la eficiencia operativa.
- **Aplicaciones de seguridad, como firewalls y antivirus:** Herramientas esenciales para proteger la infraestructura tecnológica contra amenazas externas e internas. Estas aplicaciones supervisan el tráfico de red, bloquean actividades sospechosas y garantizan la integridad de los sistemas de información.
- **Plataformas de almacenamiento en la nube:** Soluciones que permiten el acceso remoto y seguro a datos críticos, eliminando la necesidad de infraestructura física extensiva. Estas plataformas proporcionan escalabilidad, flexibilidad y mecanismos avanzados de cifrado para proteger la información almacenada.

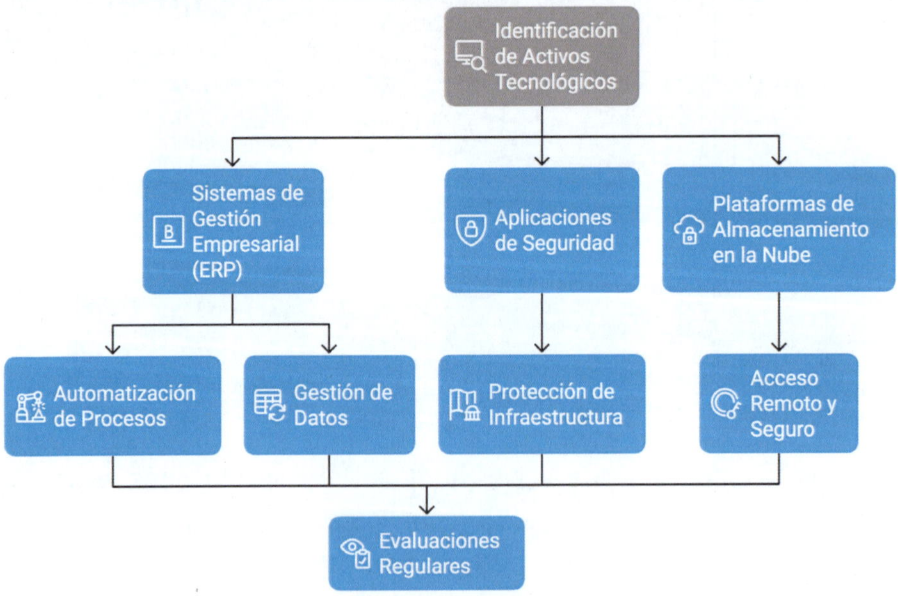

Además de los ejemplos mencionados, los activos tecnológicos incluyen sistemas de análisis de datos, herramientas de colaboración en línea, dispositivos IoT (Internet de las cosas) y software especializado en gestión de riesgos. La adecuada gestión de estos activos implica evaluaciones regulares, actualizaciones constantes y políticas claras de uso para maximizar su eficacia y minimizar riesgos potenciales.

La correcta identificación de activos permite a la organización tener una visión clara de los recursos que necesitan mayor atención y cuidado, formando la base para una clasificación y priorización efectiva.

3.2. Valoración y Priorización para la Auditoría

Una vez identificados, los activos deben ser valorados y priorizados en función de su importancia para la organización y los riesgos asociados. Este proceso asegura que los recursos disponibles se concentren en proteger los activos más críticos. Los pasos clave incluyen:

3.2.1. **Valoración del impacto:**

Determinar las consecuencias de un posible compromiso del activo, analizando múltiples escenarios como la pérdida financiera directa, sanciones regulatorias, daño reputacional, pérdida de clientes o interrupción de servicios críticos. Este análisis debe considerar tanto impactos inmediatos como efectos a largo plazo que puedan afectar la sostenibilidad de la organización.

Evaluar el nivel de dependencia de la organización respecto al activo, teniendo en cuenta factores como la frecuencia de uso, la relevancia en procesos operativos y estratégicos, y la posibilidad de recurrir a alternativas o soluciones de respaldo en caso de una contingencia.

3.2.2. **Análisis de riesgos:**

Identificar las amenazas específicas a las que está expuesto cada activo, como ataques cibernéticos, fallos técnicos, desastres naturales, errores humanos y amenazas internas, como el uso indebido de privilegios por parte de empleados o contratistas.

Evaluar las vulnerabilidades existentes, como configuraciones incorrectas, falta de actualizaciones en sistemas y la ausencia de controles de seguridad robustos. Este análisis debe incluir la probabilidad de que dichas vulnerabilidades sean explotadas, basándose en datos históricos, tendencias actuales y el contexto de la organización.

Analizar las interdependencias entre activos para identificar cómo un incidente en un activo podría afectar a otros, generando un impacto mayor del esperado.

Considerar factores externos, como cambios regulatorios, evolución de las amenazas globales y la dinámica del mercado, que puedan influir en el nivel de riesgo asociado a cada activo.

3.2.3. **Priorización de activos:**

Asignar una clasificación detallada a los activos (por ejemplo, crítica, alta, media, baja) basada en la valoración del impacto, considerando factores como el costo potencial de un compromiso, el tiempo necesario para su recuperación y la probabilidad de que ocurra un incidente. Esta clasificación permite priorizar los recursos disponibles y definir controles específicos para cada nivel de prioridad.

Enfocar los recursos y controles de seguridad en los activos clasificados como críticos o de alta prioridad, implementando medidas avanzadas como auditorías continuas, redundancia operativa y sistemas de monitoreo en tiempo real para garantizar su protección.

3.2.4. **Documentación y seguimiento:**

Mantener registros actualizados de los activos y sus respectivas clasificaciones, asegurando que estos documentos reflejen cualquier cambio en su estado, valor o nivel de riesgo. La documentación debe incluir información detallada como descripciones del activo, su ubicación, propietario, vulnerabilidades conocidas y controles implementados. Además, es fundamental emplear herramientas digitales de gestión que permitan una actualización automática y un acceso centralizado a estos registros.

Establecer procedimientos rigurosos para reevaluar periódicamente la prioridad de los activos, integrando análisis de nuevos riesgos, cambios regulatorios, innovaciones tecnológicas y transformaciones en los procesos internos. Estas evaluaciones periódicas deben ser realizadas por equipos interdisciplinarios que aporten perspectivas técnicas, operativas y estratégicas, garantizando que las decisiones se alineen con los objetivos organizacionales y respondan a un entorno dinámico.

Este enfoque estructurado asegura que las auditorías de seguridad estén alineadas con las necesidades reales de la organización y permitan una gestión proactiva y eficiente de los riesgos.

4. Seguridad Humana, Física y del Entorno

La seguridad humana, física y del entorno representa un componente esencial en la protección de los activos organizacionales. Mientras que las tecnologías y sistemas son fundamentales para garantizar la integridad de la información, los factores humanos y las infraestructuras físicas desempeñan un papel crucial en la prevención de incidentes y en la respuesta a amenazas.

4.1. Control de Accesos Físicos

El control de accesos físicos tiene como objetivo restringir el ingreso a instalaciones, áreas sensibles y dispositivos críticos únicamente a personal autorizado.

Este enfoque reduce significativamente el riesgo de sabotaje, robo de información o daño a los activos organizacionales. Los elementos clave del control de accesos físicos incluyen:

4.1.1. **Sistemas de autenticación:**

Implementación de tecnologías avanzadas como tarjetas de proximidad y sistemas de reconocimiento facial para verificar la identidad de las personas que ingresan a áreas restringidas. Los lectores biométricos, aunque ofrecen un nivel adicional de seguridad al identificar características únicas como huellas dactilares, iris o patrones faciales, pueden estar sujetos a restricciones legales en algunas regiones, como la Unión Europea, donde la normativa de protección de datos (GDPR) regula estrictamente su uso. Es fundamental evaluar el cumplimiento normativo antes de implementar este tipo de tecnología.

Las tarjetas de proximidad permiten una autenticación rápida y eficiente, integrándose con sistemas de registro para mantener un control detallado de los accesos.

Los sistemas de reconocimiento facial, basados en inteligencia artificial, proporcionan una solución sin contacto que reduce los puntos de fricción y mejora la experiencia del usuario, especialmente en entornos de alta seguridad como centros de datos o laboratorios de investigación.

4.1.2. **Definición de zonas de acceso:**

- **Establecimiento de niveles de acceso:** Los niveles de acceso deben diseñarse de manera granular, considerando no solo las responsabilidades laborales y las necesidades operativas, sino también el principio de privilegio mínimo, asegurando que cada individuo tenga únicamente los permisos necesarios para cumplir con sus tareas. Esto incluye el uso de controles temporales para accesos específicos durante proyectos o tareas limitadas en el tiempo.

Clasificación de las instalaciones: Las instalaciones deben categorizarse en zonas públicas, restringidas y de alta seguridad, estableciendo medidas específicas para cada tipo:

  - **Zonas públicas:** Áreas abiertas al público o personal general, como recepciones o espacios de reunión.

- ⇨ **Zonas restringidas:** Áreas que requieren controles adicionales, como oficinas administrativas, con accesos controlados mediante tarjetas o códigos de acceso.
- ⇨ **Zonas de alta seguridad:** Espacios críticos como centros de datos, laboratorios o salas de servidores, donde se implementan controles avanzados, incluyendo monitoreo constante y doble autenticación.

- **Segregación de zonas:** Se deben emplear barreras físicas y digitales, como puertas reforzadas, zonas de espera intermedias y sistemas de autenticación escalonados, para minimizar el riesgo de accesos no autorizados entre áreas con diferentes niveles de seguridad.

4.1.3. **Supervisión y monitoreo:**

Instalación de cámaras de seguridad de alta resolución con capacidades de visión nocturna e integración con sistemas de análisis inteligente para detectar comportamientos anómalos en tiempo real.

Uso de sensores de movimiento avanzados que distinguen entre movimientos humanos y no humanos, reduciendo las falsas alarmas y mejorando la precisión del monitoreo.

Implementación de sistemas de alarma conectados a centros de monitoreo 24/7 que emplean inteligencia artificial para clasificar y priorizar incidentes según su criticidad.

Integración de estos sistemas con plataformas centralizadas que permiten a los operadores supervisar múltiples ubicaciones desde un único panel de control, facilitando la toma de decisiones rápida y coordinada ante posibles amenazas.

4.1.4. **Registro de accesos:**

Mantenimiento de un historial detallado de todas las entradas y salidas en áreas sensibles para garantizar trazabilidad y facilitar auditorías futuras. Este registro debe incluir información como la identidad del personal, hora de entrada y salida, propósito del acceso y cualquier anomalía detectada.

Utilización de sistemas electrónicos avanzados que automaticen la recopilación de datos, integrando lectores de tarjetas, reconocimiento facial y otros dispositivos para registrar accesos en tiempo real.

Implementación de mecanismos de alertas que notifiquen accesos no autorizados o patrones de actividad sospechosos.

Conservación de los registros en plataformas seguras, con acceso restringido y respaldo periódico, para proteger la información contra alteraciones o pérdida.

Revisión periódica de los registros para identificar tendencias, evaluar la efectividad de los controles y mejorar continuamente las políticas de seguridad.

4.2. Protección Frente a Desastres y Contingencias

La protección frente a desastres y contingencias implica preparar a la organización para enfrentar eventos inesperados que puedan poner en riesgo su continuidad operativa, como desastres naturales, fallos de infraestructura o incidentes de seguridad. Las estrategias clave incluyen:

4.2.1. Evaluación de riesgos:

Identificación de escenarios de desastres potenciales, como incendios, inundaciones, terremotos o cortes prolongados de energía, y evaluación de su impacto en los activos organizacionales.

Este análisis debe incluir un enfoque interdisciplinario, considerando variables tecnológicas, humanas y logísticas, y utilizar herramientas avanzadas para la simulación de escenarios y modelado de impactos.

4.2.2. **Planes de contingencia:**

Desarrollo de estrategias detalladas para garantizar la continuidad operativa, incluyendo la creación de planes de recuperación ante desastres (DRP) que aborden aspectos tecnológicos, humanos y logísticos.

Estos planes deben incluir mapas de riesgos, listas de contacto de emergencia y procedimientos claros para cada tipo de incidente.

Definición de procedimientos para la evacuación segura del personal y la protección de activos físicos durante emergencias, estableciendo puntos de encuentro, rutas de escape y roles específicos para líderes de equipo en situaciones críticas.

4.2.3. **Infraestructura resiliente:**

Implementación de sistemas redundantes para servicios críticos, como generadores eléctricos de respaldo, servidores en ubicaciones alternativas y soluciones de almacenamiento en la nube con acceso distribuido.

Estos sistemas deben ser evaluados y actualizados regularmente para garantizar su funcionalidad.

Diseño de edificios y áreas de trabajo que incluyan medidas estructurales contra desastres naturales, como refuerzos antisísmicos y sistemas de drenaje para evitar inundaciones.

4.2.4. **Pruebas y simulacros:**

Realización periódica de simulacros de emergencia para evaluar la efectividad de los planes, identificar puntos de mejora y entrenar al personal en su ejecución.

Estos simulacros deben abarcar múltiples escenarios, como ataques cibernéticos, incendios o cortes eléctricos prolongados.

4.2.5. **Colaboración con terceros:**

Establecimiento de acuerdos con proveedores y socios estratégicos para garantizar el suministro de recursos esenciales y la recuperación rápida tras un desastre.

Estos acuerdos deben incluir cláusulas de servicio específicas que aseguren tiempos de respuesta mínimos y disponibilidad de recursos críticos.

Coordinación con autoridades locales y organismos de emergencia para garantizar una respuesta rápida y eficiente en casos de gran escala.

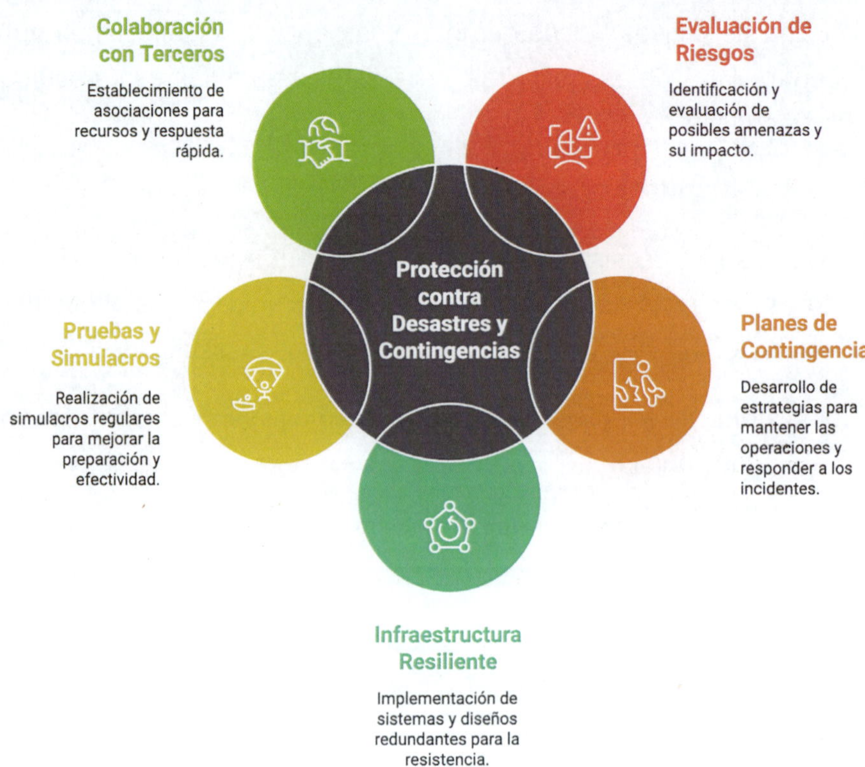

Estas prácticas no solo fortalecen la capacidad de respuesta de la organización, sino que también minimizan el impacto de los incidentes y aseguran la resiliencia a largo plazo.

5. Gestión de Comunicaciones y Operaciones

La gestión de comunicaciones y operaciones abarca el diseño y la implementación de procesos que aseguren la continuidad, seguridad y eficiencia en las actividades organizacionales.

Esto incluye la correcta administración de datos, la supervisión de sistemas y el empleo de herramientas para mitigar riesgos y optimizar el desempeño.

5.1. Procedimientos de Backup, Logs y Monitorización

Los procedimientos de backup, logs y monitorización son pilares esenciales para garantizar la integridad, disponibilidad y trazabilidad de la información en una organización. Cada uno cumple funciones específicas que contribuyen a la resiliencia ante incidentes y al cumplimiento normativo.

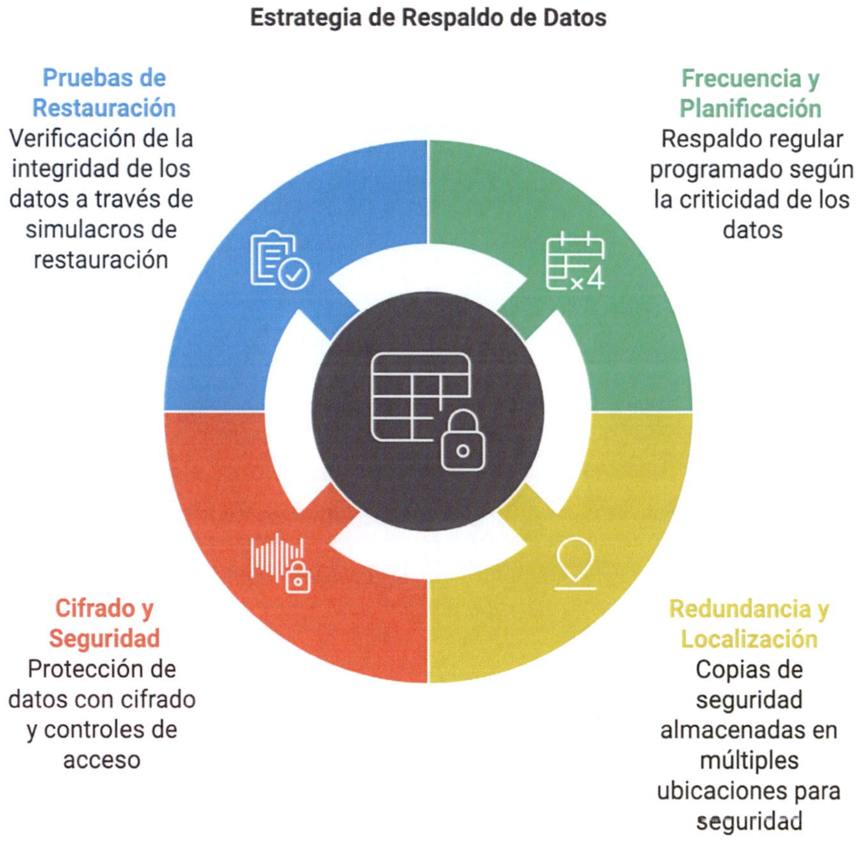

Estrategia de Respaldo de Datos

Pruebas de Restauración
Verificación de la integridad de los datos a través de simulacros de restauración

Frecuencia y Planificación
Respaldo regular programado según la criticidad de los datos

Cifrado y Seguridad
Protección de datos con cifrado y controles de acceso

Redundancia y Localización
Copias de seguridad almacenadas en múltiples ubicaciones para seguridad

5.1.1. Procedimientos de Backup:

Frecuencia y Planificación: Definir políticas claras sobre la frecuencia de los respaldos, adaptadas al tipo de información y a su criticidad. Esto puede incluir respaldos diarios para datos operativos, semanales para archivos históricos y mensuales para información archivada. Además, deben establecerse períodos de retención específicos para cada tipo de respaldo, asegurando la recuperación incluso ante fallos extendidos.

Redundancia y Localización: Implementar copias redundantes en diferentes ubicaciones físicas y en la nube. Estas copias deben estar distribuidas geográficamente para mitigar el impacto de desastres regionales y garantizar accesibilidad en todo momento. También se recomienda utilizar soluciones híbridas que combinen almacenamiento local y en la nube para optimizar costos y tiempos de recuperación. Los sistemas de respaldo deben incluir verificación automática de integridad de datos.

Cifrado y Seguridad: Asegurar que las copias de seguridad estén protegidas mediante técnicas de cifrado de nivel avanzado (AES-256 o superior), acompañadas de políticas de gestión segura de claves. Adicionalmente, deben establecerse controles de acceso estrictos, como autenticación multifactorial, para garantizar que solo personal autorizado pueda manipular los respaldos.

Pruebas de Restauración: Realizar simulacros periódicos para verificar que los datos respaldados puedan restaurarse correctamente y garantizar que los procedimientos sean efectivos. Estas pruebas deben incluir escenarios de restauración total y parcial, evaluando tiempos de recuperación y validando la integridad de los datos.

Gestión de Logs:

Registro de Actividades: Mantener un registro exhaustivo de todas las operaciones en los sistemas, incluyendo accesos, modificaciones y errores. Esto asegura la trazabilidad y permite identificar incidentes de seguridad. Los logs deben incluir metadatos detallados, como marcas de tiempo precisas, identificadores de usuarios y ubicaciones de acceso.

Conservación: Establecer políticas de retención de logs según normativas legales y necesidades organizacionales. Por ejemplo, conservar registros críticos durante al menos cinco años para cumplir con regulaciones como GDPR o SOX.

Los registros deben almacenarse en formatos inalterables y en sistemas protegidos contra manipulaciones.

Análisis y Correlación: Emplear herramientas avanzadas de análisis que permitan correlacionar eventos para detectar patrones sospechosos o actividades anómalas.

Las plataformas SIEM (Security Information and Event Management) son ideales para automatizar este proceso, generando alertas en tiempo real y facilitando investigaciones posteriores.

Estrategia de Gestión de Logs

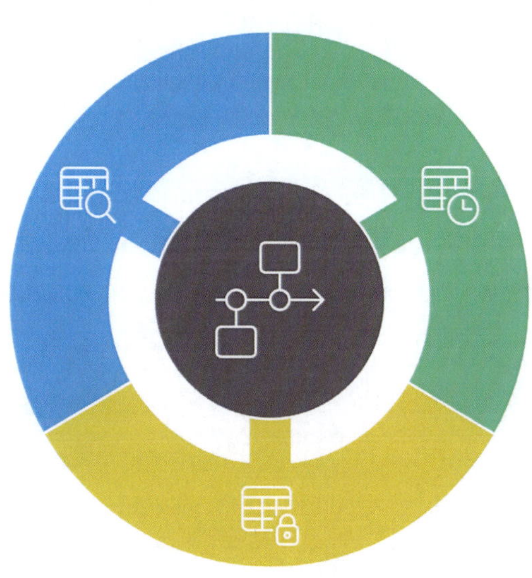

5.1.2. Monitorización:

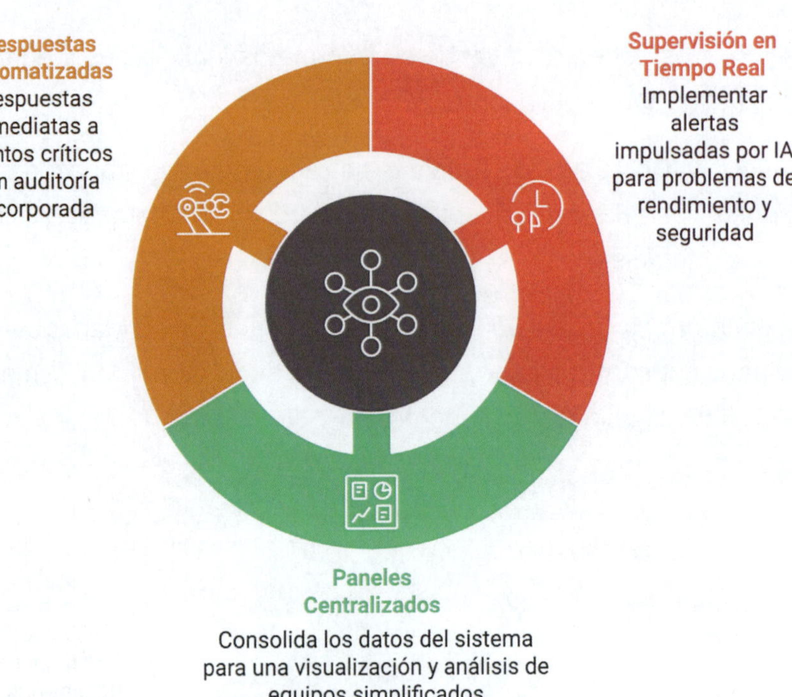

Supervisión en Tiempo Real: Implementar soluciones de monitorización que alerten sobre problemas de rendimiento, fallos en sistemas críticos o intentos de acceso no autorizado. Estas herramientas deben incluir capacidades de predicción basadas en inteligencia artificial para anticipar posibles fallos antes de que ocurran.

Paneles Centralizados: Utilizar plataformas integradas que consoliden datos de múltiples sistemas, facilitando la visualización y análisis por parte de los equipos responsables. Los dashboards deben ser configurables, ofreciendo perspectivas personalizadas según el rol del usuario.

Respuestas Automatizadas: Configurar sistemas que respondan automáticamente a ciertos eventos, como bloqueo de accesos sospechosos o reinicio de servicios críticos, para mitigar impactos de manera inmediata.

Estas respuestas deben ser auditables, garantizando que todas las acciones realizadas queden registradas para análisis posterior.

Estos procedimientos no solo fortalecen la seguridad operativa, sino que también contribuyen a cumplir con estándares internacionales como ISO 27001 y regulaciones como GDPR, demostrando un compromiso activo con la protección de la información.

5.2. Herramientas para la Gestión y Evaluación de Riesgos

La gestión y evaluación de riesgos requiere el uso de herramientas avanzadas que permitan identificar, analizar y mitigar posibles amenazas en los sistemas de información y las operaciones de la organización.

Estas herramientas son esenciales para optimizar la toma de decisiones y garantizar una respuesta proactiva frente a los riesgos.

Entre las principales se incluyen:

5.2.1. **Sistemas de Gestión de Riesgos (RMS):**

Permiten identificar riesgos asociados a activos, procesos y sistemas, evaluándolos en términos de probabilidad, impacto y la criticidad del entorno operativo. Estos sistemas analizan tanto riesgos internos (como errores humanos o fallos técnicos) como externos (ciberataques, cambios regulatorios o desastres naturales).

Integran matrices de riesgos que facilitan la visualización y priorización de amenazas críticas. Estas matrices presentan los riesgos clasificados en niveles de severidad, asignando recursos y estrategias de mitigación según su urgencia. Además, permiten realizar comparaciones históricas para evaluar tendencias y medir la eficacia de las acciones implementadas.

Algunos sistemas RMS también incluyen módulos de planificación de contingencias, permitiendo diseñar respuestas rápidas y efectivas ante incidentes detectados, y herramientas de predicción basadas en inteligencia artificial para anticiparse a posibles riesgos emergentes.

5.2.2. **Plataformas de Análisis de Vulnerabilidades:**

Automatizan la detección de fallos en sistemas, aplicaciones y redes, permitiendo una identificación proactiva de vulnerabilidades antes de que sean explotadas.

Estas herramientas generan reportes detallados que incluyen no solo una descripción de las vulnerabilidades críticas detectadas, sino también una evaluación del nivel de riesgo asociado y recomendaciones específicas para su mitigación. Además, muchas de estas plataformas integran capacidades de priorización que ayudan a las organizaciones a enfocar sus recursos en resolver las amenazas más urgentes y de mayor impacto.

Estas plataformas incluyen herramientas como Nessus, Qualys o OpenVAS, ampliamente reconocidas en el ámbito de la ciberseguridad por su capacidad para realizar análisis exhaustivos, cumplir con estándares internacionales y proporcionar métricas de cumplimiento que respaldan auditorías y evaluaciones regulatorias.

5.2.3. **Soluciones SIEM:**

Centralizan la gestión de eventos de seguridad, correlacionando datos de múltiples fuentes como firewalls, sistemas de detección de intrusiones (IDS) y servidores. Estas herramientas analizan grandes volúmenes de datos en tiempo real para identificar patrones sospechosos que podrían indicar intentos de acceso no autorizado, malware o comportamientos anómalos en la red.

Ofrecen capacidades avanzadas de alerta en tiempo real, que notifican inmediatamente a los equipos de seguridad sobre actividades inusuales, permitiendo una respuesta rápida y coordinada para mitigar amenazas.

Incluyen funcionalidades de análisis forense que facilitan la investigación de incidentes pasados, proporcionando líneas de tiempo detalladas, mapas de correlación de eventos y registros auditables que apoyan auditorías y procesos legales cuando sea necesario.

5.2.4. **Herramientas de Simulación de Ataques (BAS):**

Evaluaciones automatizadas que simulan ciberataques de manera continua, replicando técnicas utilizadas por actores maliciosos para evaluar la eficacia de los controles de seguridad en diferentes escenarios.

Estas simulaciones no solo miden la capacidad de respuesta de los sistemas ante amenazas conocidas, sino que también permiten identificar configuraciones erróneas, lagunas en los controles existentes y potenciales puntos débiles en la infraestructura tecnológica.

Ayudan a identificar brechas en la protección de los sistemas, proporcionando informes detallados que priorizan vulnerabilidades según su criticidad e impacto potencial. También ofrecen recomendaciones prácticas para optimizar las medidas de defensa existentes y mitigar riesgos de forma proactiva.

Algunas plataformas incluso incluyen módulos de aprendizaje automático que mejoran con cada simulación, ajustándose a los cambios en el entorno dc amenazas.

5.2.5. Dashboards de Riesgo en Tiempo Real:

Proveen una visión consolidada y en tiempo real de la postura de riesgo de la organización, integrando datos de múltiples fuentes para ofrecer un panorama holístico. Estas herramientas se actualizan dinámicamente según las amenazas detectadas y los cambios en el entorno operativo, permitiendo a los responsables de seguridad anticiparse a riesgos emergentes. Además, incluyen capacidades analíticas avanzadas que facilitan la identificación de tendencias, la priorización de acciones correctivas y la generación de informes personalizables para la alta dirección y las auditorías regulatorias.

El uso combinado de estas herramientas no solo mejora la capacidad de la organización para gestionar riesgos, sino que también fortalece la resiliencia operativa y asegura el cumplimiento de normativas globales.

6. Control de Accesos

El control de accesos es un componente esencial en la seguridad de la información, ya que regula quién puede acceder a los recursos y sistemas organizacionales, y bajo qué condiciones. Una implementación efectiva de control de accesos no solo protege la confidencialidad y la integridad de los datos, sino que también garantiza el cumplimiento de normativas internacionales y previene incidentes de seguridad relacionados con accesos no autorizados.

6.1. Mecanismos de Autenticación y Autorización

Los mecanismos de autenticación y autorización son la base para establecer un control de accesos robusto y confiable. La autenticación tiene como objetivo verificar la identidad de los usuarios mediante métodos que varían en complejidad y seguridad, mientras que la autorización determina los niveles de acceso y permisos que se les conceden una vez autenticados. Estos procesos son complementarios y deben ser implementados de manera integral para garantizar que únicamente las personas autorizadas accedan a los recursos específicos según sus funciones y responsabilidades.

La autenticación puede llevarse a cabo a través de métodos tradicionales, como contraseñas seguras, que deben cumplir con criterios avanzados como longitud mínima, uso de caracteres especiales y renovación periódica. Sin embargo, para mejorar la seguridad, se recomienda adoptar técnicas más avanzadas, como la autenticación multifactor (MFA). La MFA incrementa significativamente la seguridad al requerir la verificación de al menos dos de los siguientes factores:

- Algo que el usuario sabe, como una contraseña o un PIN.
- Algo que el usuario tiene, como un token físico, una aplicación móvil o una tarjeta de seguridad.
- Algo que el usuario es, como características biométricas (huellas dactilares, reconocimiento facial o escaneo de retina).

Es importante señalar que el uso de datos biométricos debe cumplir con regulaciones como el Reglamento General de Protección de Datos (GDPR) en la Unión Europea, que establece requisitos estrictos para garantizar la privacidad y la seguridad de la información personal.

En cuanto a la autorización, esta se basa en modelos robustos como el Control de Acceso Basado en Roles (RBAC) o el Control de Acceso Basado en Atributos (ABAC). El RBAC simplifica la gestión de accesos al asignar permisos según el rol que desempeña el usuario dentro de la organización, reduciendo así los riesgos asociados a privilegios innecesarios. Por su parte, el ABAC ofrece un enfoque más granular al evaluar atributos específicos, como el horario de acceso, la ubicación geográfica o el tipo de dispositivo utilizado.

Para fortalecer aún más la seguridad, es crucial implementar monitoreo continuo de los accesos y realizar revisiones periódicas de los permisos asignados. Esto incluye el uso de herramientas automatizadas que generen alertas ante actividades sospechosas y permitan auditar el historial de accesos, identificando configuraciones incorrectas o posibles abusos. Estos mecanismos garantizan no solo la protección de los recursos, sino también el cumplimiento con estándares internacionales como ISO 27001 y regulaciones locales aplicables.

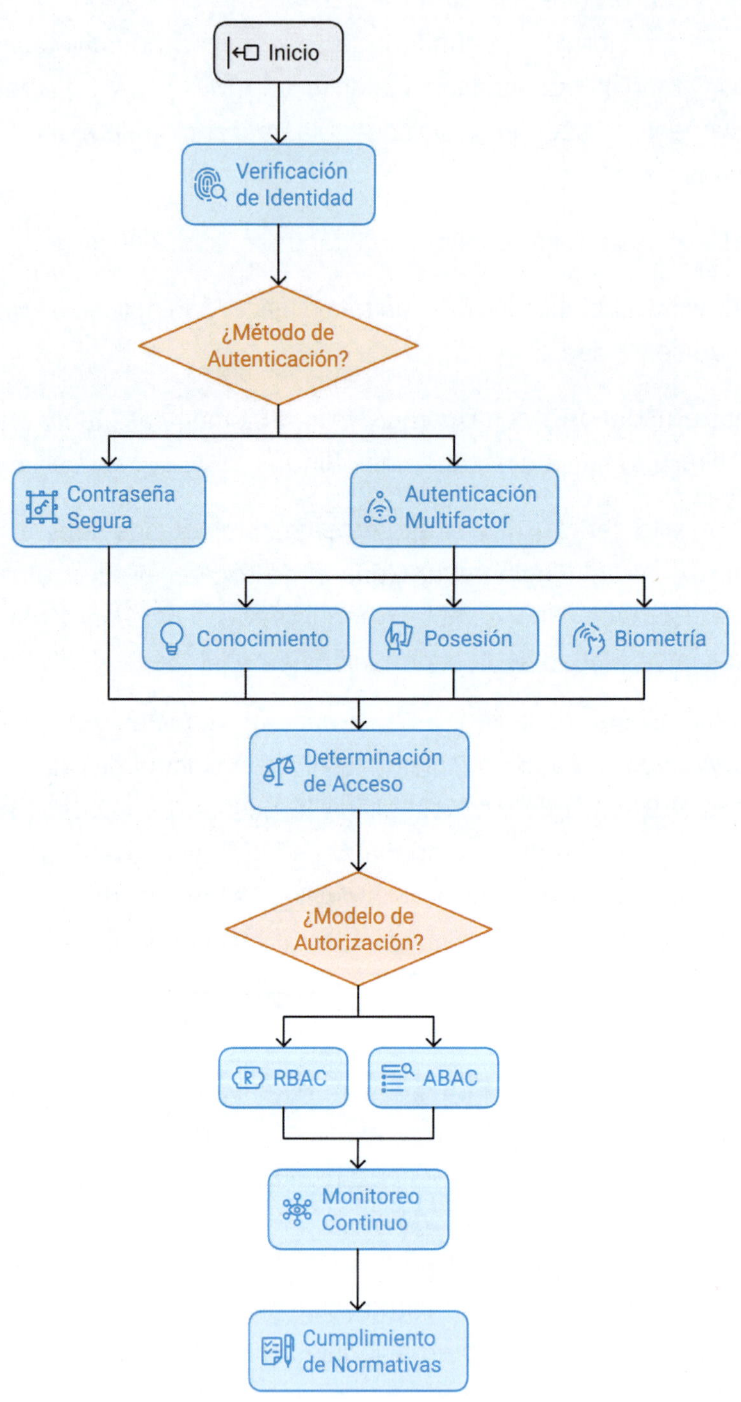
Proceso de Autenticación y Autorización
Inicio
Verificación de Identidad
¿Método de Autenticación?
Contraseña Segura
Autenticación Multifactor
Conocimiento
Posesión
Biometría
Determinación de Acceso
¿Modelo de Autorización?
R
RBAC
ABAC
Monitoreo Continuo
Cumplimiento de Normativas

6.2. Buenas Prácticas en la Asignación de Privilegios

La asignación de privilegios debe seguir rigurosamente el principio del privilegio mínimo, asegurando que cada usuario tenga acceso únicamente a los recursos necesarios para desempeñar sus funciones. Este enfoque no solo limita la exposición de los sistemas a posibles ataques internos o externos, sino que también simplifica la gestión de accesos y mejora el cumplimiento normativo al reducir la superficie de ataque y minimizar los riesgos.

Entre las buenas prácticas se incluye la segmentación de usuarios y recursos en categorías claramente definidas. Por ejemplo, el acceso a bases de datos críticas puede estar restringido a administradores específicamente capacitados, mientras que los usuarios regulares solo pueden acceder a las funcionalidades que les competen. Esta segmentación debe ser dinámica y adaptable a los cambios en las necesidades operativas y de seguridad de la organización.

Otra práctica esencial es la implementación de revisiones periódicas de los privilegios asignados. Esto implica auditar los permisos existentes, revocar accesos innecesarios y ajustar configuraciones según cambios en los roles o responsabilidades de los empleados. Las herramientas de gestión de identidades y accesos (IAM) son fundamentales para automatizar y simplificar estas revisiones, garantizando una administración eficiente y precisa de los derechos de acceso.

Además, es crucial establecer procedimientos claros y detallados para otorgar, modificar y revocar accesos. Estos procedimientos deben estar documentados y ser accesibles para los equipos responsables, garantizando que todas las solicitudes de acceso sean evaluadas y aprobadas según las políticas internas de seguridad. La transparencia en estos procesos es vital para mantener la integridad y la confianza en el sistema de gestión de accesos.

Asimismo, la capacitación continua de los empleados sobre la importancia de la seguridad de acceso y el correcto manejo de sus credenciales es una medida indispensable. Esta formación debe incluir la concienciación sobre las amenazas actuales, las mejores prácticas de seguridad y las políticas específicas de la organización.

Implementar medidas de monitoreo y detección de actividades sospechosas también es una práctica recomendada. El uso de herramientas de análisis de comportamiento y generación de alertas ante actividades inusuales o no autorizadas puede prevenir y mitigar posibles incidentes de seguridad. Además, realizar auditorías regulares y detalladas del historial de accesos permite identificar configuraciones incorrectas o posibles abusos de privilegios, asegurando así una respuesta rápida y eficaz ante cualquier irregularidad.

En resumen, la adopción de estas buenas prácticas y la implementación de mecanismos avanzados de control de accesos garantizan no solo la protección efectiva de los recursos críticos de la organización, sino también el cumplimiento con estándares internacionales como ISO 27001 y regulaciones locales aplicables, fortaleciendo la postura de seguridad global de la entidad.

7. Gestión de Continuidad del Negocio

La gestión de continuidad del negocio (BCM, por sus siglas en inglés) es un conjunto de estrategias y procesos diseñados para garantizar que una organización pueda continuar operando y prestando servicios esenciales durante y después de un incidente disruptivo. Incluye el desarrollo de planes que permitan minimizar interrupciones, proteger activos críticos y salvaguardar la reputación organizacional.

7.1. Plan de Contingencia y de Recuperación ante Desastres

Un plan de contingencia y de recuperación ante desastres (DRP, por sus siglas en inglés) es un componente clave de la BCM, diseñado para responder a eventos imprevistos que podrían interrumpir las operaciones normales de la organización. Este plan define las acciones necesarias para mitigar los efectos de incidentes graves, asegurando una respuesta coordinada y eficiente.

El desarrollo de un DRP comienza con una evaluación de riesgos y un análisis de impacto en el negocio (BIA). Estas evaluaciones permiten identificar los posibles escenarios de desastres, los activos críticos que deben protegerse y el tiempo máximo tolerable de inactividad para cada proceso. Entre los elementos clave de un DRP se incluyen:

7.1.1. Estrategias de Respaldo y Recuperación

Implementar sistemas de respaldo para datos, tecnología e infraestructura física mediante centros de datos redundantes, almacenamiento en la nube y servidores de recuperación en ubicaciones alternativas. Esto puede incluir el uso de servicios de almacenamiento en la nube como AWS, Google Cloud o Azure para garantizar que los datos estén siempre disponibles, incluso en caso de fallos en las instalaciones físicas. Además, establecer redes de datos redundantes y servidores espejo en diferentes ubicaciones geográficas puede minimizar el riesgo de pérdida total de datos.

Establecer procedimientos claros para restaurar datos y sistemas afectados, priorizando los servicios críticos para la operación organizacional. Estos procedimientos deben incluir manuales detallados de recuperación, asignación de roles y responsabilidades específicas a los miembros del equipo y simulacros regulares de recuperación de desastres para asegurar la familiaridad con los procesos. Por ejemplo, definir un orden de restauración para sistemas esenciales como bases de datos, servidores de aplicaciones y servicios de comunicación puede ayudar a reducir significativamente el tiempo de inactividad en caso de una interrupción. También es importante documentar y actualizar estos procedimientos continuamente para adaptarse a nuevas tecnologías y amenazas emergentes.

7.1.2. **Protocolos de Respuesta a Incidentes:**

Definición de roles y responsabilidades dentro de los equipos de respuesta, asegurando una comunicación clara y rápida durante una crisis. Es fundamental que cada miembro del equipo sepa exactamente qué se espera de ellos y a quién deben informar. Esto incluye la designación de un líder de respuesta a incidentes, coordinadores de áreas específicas, personal técnico y responsables de comunicación.

Documentación de pasos específicos para contener el incidente, mitigar daños y notificar a las partes interesadas relevantes, como clientes, proveedores o autoridades reguladoras. Estos pasos deben ser detallados y cubrir varios escenarios posibles, desde desastres naturales hasta ataques cibernéticos. La documentación debe incluir:

- ⇨ Procedimientos de contención inmediata para evitar la propagación del incidente.
- ⇨ Estrategias de mitigación de daños para proteger los activos críticos de la organización.
- ⇨ Protocolos de comunicación interna y externa, asegurando que toda la información relevante se transmita de manera efectiva a todas las partes interesadas.
- ⇨ Planificación de la restauración de servicios y sistemas afectados, priorizando aquellos esenciales para la operación continua de la organización.
- ⇨ Revisión y actualización periódica de los protocolos para adaptarse a nuevas amenazas y tecnologías emergentes.

Además, es esencial que estos procedimientos sean probados y actualizados regularmente para garantizar su eficacia en una situación real. Las simulaciones y los ejercicios de recuperación pueden ayudar a identificar debilidades en el plan y a mejorar la coordinación y la capacidad de respuesta del equipo. La capacitación continua del personal también es crucial para mantener un alto nivel de preparación y competencia en la gestión de incidentes.

7.1.3. Planes de Comunicación

Desarrollar estrategias para comunicar eficazmente a empleados, clientes y partes interesadas el estado del incidente y las acciones en curso es fundamental para manejar situaciones críticas. Es importante establecer un plan de comunicación que detalle los pasos a seguir y las responsabilidades de cada miembro del equipo. Este plan debe incluir la identificación de los destinatarios clave de la comunicación, la frecuencia de los mensajes y los medios a utilizar.

Utilizar varios canales de comunicación, como correos electrónicos, líneas de emergencia y plataformas digitales, para asegurar mensajes oportunos a todos los destinatarios. Además, es esencial adaptar el mensaje según el canal utilizado; por ejemplo, los correos electrónicos pueden ser más detallados, mientras que los mensajes de texto deben ser concisos y directos. Se recomienda también implementar reuniones informativas regulares y actualizaciones en tiempo real a través de aplicaciones de mensajería instantánea o redes sociales corporativas. De esta manera, se garantiza que toda la información relevante llegue a las partes interesadas de manera clara y rápida.

7.1.4. Pruebas y Simulacros

Realizar simulacros de desastres regularmente para evaluar el plan, identificar mejoras y asegurar que todos estén preparados.

Los simulacros de desastres son una herramienta esencial para garantizar la seguridad y eficacia de los planes de respuesta ante emergencias. Al llevarlos a cabo de manera periódica, es posible:

- ⇨ **Evaluar el plan existente:** Identificar posibles fallos o áreas de mejora en el plan actual de respuesta ante desastres. Esto permite ajustar y perfeccionar el plan para asegurar su efectividad.

- ⇨ **Identificar mejoras:** A través de estos ensayos prácticos, se pueden descubrir nuevas estrategias y tecnologías que mejoren la respuesta ante emergencias.

- ⇨ **Asegurar que todos estén preparados:** Involucra a todo el personal en la preparación y les proporciona la oportunidad de practicar sus roles y responsabilidades, aumentando la confianza y competencia de cada miembro del equipo.

Etapas de un simulacro de desastre:

- ⇨ **Planificación:** Definir objetivos claros, escenarios posibles y recursos necesarios.
- ⇨ **Implementación:** Ejecutar el simulacro conforme al plan establecido, asegurando la participación activa de todos los involucrados.
- ⇨ **Evaluación:** Analizar el desempeño durante el simulacro, recogiendo datos y feedback de los participantes.
- ⇨ **Revisión:** Ajustar el plan de respuesta basado en los hallazgos del simulacro, incorporando las lecciones aprendidas y mejorando la preparación global.

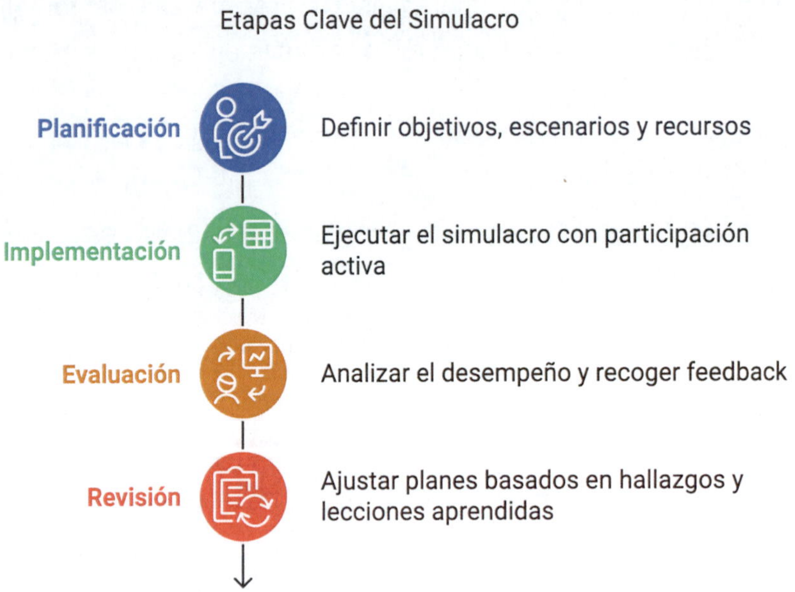

Ejemplos de simulacros incluyen evacuaciones por incendios, respuestas a terremotos, manejo de inundaciones y planes de continuidad de negocio frente a interrupciones tecnológicas. Realizar estos ejercicios regularmente fortalece la capacidad de respuesta y protección de todas las personas y activos involucrados.

El DRP no solo minimiza el impacto operativo y financiero de un desastre, sino que también fortalece la resiliencia organizacional y la confianza de las partes interesadas en la capacidad de la organización para enfrentar desafíos inesperados.

7.2. Revisión y Actualización Periódica del Plan

La revisión y actualización periódica del plan de continuidad del negocio y recuperación ante desastres son fundamentales para garantizar su eficacia frente a los cambios internos y externos de la organización. Un plan que no se actualiza puede volverse obsoleto, exponiendo a la organización a riesgos innecesarios.

Entre las mejores prácticas para la revisión y actualización del plan se incluyen:

7.2.1. Evaluación Continua

Realizar análisis de riesgos e impacto en el negocio regularmente para identificar nuevas amenazas o cambios en la criticidad de los activos. Ajustar el plan según los resultados de auditorías internas y externas. Es vital implementar un proceso sistemático de monitoreo y evaluación que permita no solo identificar, sino también priorizar los riesgos emergentes. Además, es esencial mantener un registro actualizado de todos los cambios realizados, asegurando la trazabilidad de las decisiones y acciones tomadas. Esto incluye la documentación detallada de incidentes pasados, las respuestas activadas y los resultados obtenidos, lo que facilitará la identificación de patrones y tendencias que puedan informar futuras revisiones del plan. La inclusión de herramientas tecnológicas avanzadas para la gestión del riesgo y la recuperación ante desastres puede mejorar significativamente la capacidad de la organización para anticipar y responder eficazmente a cualquier eventualidad.

7.2.2. Integración de Cambios Organizacionales

Asegúrate de que el plan incluya los cambios recientes, como nuevas tecnologías, reestructuraciones organizacionales o cambios legales.

Es fundamental adaptar cualquier estrategia a las innovaciones tecnológicas más recientes para mantener la competitividad en el mercado. Además, es importante reflejar las reestructuraciones organizacionales, ya que estas pueden afectar la distribución de recursos y responsabilidades dentro de la empresa. Por último, estar al tanto de los cambios legales es crucial para asegurar el cumplimiento normativo y evitar sanciones. Al considerar estos factores, el plan será más robusto y capaz de enfrentar los desafíos presentes y futuros.

⇨ **Simulacros de Validación:**

Implementar simulacros más complejos que incluyan diversos tipos de incidentes, evaluando tanto la respuesta técnica como operativa del personal.

Documentar los resultados de los simulacros, analizando áreas de mejora y aplicando los aprendizajes obtenidos.

⇨ **Actualización de Contactos y Recursos:**

Mantener actualizadas las listas de contactos de los responsables clave, proveedores críticos y socios estratégicos.

Verificar la disponibilidad y operatividad de los recursos esenciales para la ejecución del plan, tales como servidores de respaldo, herramientas de comunicación y acuerdos de servicio con terceros.

7.2.3. Ciclo de Retroalimentación

Establece un ciclo continuo y dinámico de retroalimentación que permita integrar de manera efectiva las lecciones aprendidas y las mejores prácticas en el plan. Este proceso debe incluir la recopilación y el análisis de datos de todas las actividades relacionadas con la gestión del riesgo, así como la implementación de mejoras basadas en la información obtenida. La participación de todos los niveles de la organización es crucial para garantizar una visión completa de los riesgos y oportunidades, fomentando una cultura de mejora continua y adaptación.

La revisión periódica no solo fortalece la capacidad de respuesta de la organización, sino que también asegura que el plan siga siendo relevante y alineado con las necesidades y objetivos estratégicos de la empresa.

8. Conformidad y Legalidad

La conformidad y legalidad en la gestión de la seguridad de la información es un aspecto fundamental para garantizar que las organizaciones cumplan con las normativas y regulaciones aplicables en su sector. Esto no solo minimiza riesgos legales y financieros, sino que también fortalece la confianza de las partes interesadas y asegura la sostenibilidad a largo plazo.

8.1. Legislación y Normativa Aplicable

Las organizaciones deben operar dentro de un marco legal y regulatorio que aborde diversos aspectos de la seguridad de la información, desde la protección de datos personales hasta la ciberseguridad en infraestructuras críticas. La identificación y cumplimiento de estas normativas es esencial para evitar sanciones y proteger la reputación organizacional.

Entre las principales legislaciones y normativas aplicables destacan:

8.1.1. Reglamento General de Protección de Datos (GDPR)

Aplicable en la Unión Europea, el GDPR regula la recopilación, procesamiento y almacenamiento de datos personales. Este reglamento impone obligaciones estrictas, como la necesidad de obtener el consentimiento explícito de los usuarios, notificar brechas de seguridad en un plazo de 72 horas y garantizar derechos como el acceso, rectificación y eliminación de datos.

El GDPR también establece que las organizaciones deben diseñar sus sistemas y procesos con la privacidad en mente desde el principio, un principio conocido como "privacidad por diseño". Además, las empresas deben realizar evaluaciones de impacto sobre la protección de datos (DPIA) cuando introduzcan nuevas tecnologías o procesamientos de datos que puedan implicar altos riesgos para los derechos y libertades de las personas.

Para asegurar el cumplimiento, las organizaciones deben designar un Delegado de Protección de Datos (DPO) si manejan grandes cantidades de datos personales o datos sensibles. El DPO es responsable de supervisar la estrategia de protección de datos y su implementación para garantizar el cumplimiento del GDPR.

El reglamento también tiene implicaciones internacionales, ya que se aplica a cualquier empresa que procese datos de ciudadanos de la UE, independientemente del lugar donde se encuentre la empresa. Esto significa que las empresas fuera de la UE también deben cumplir con el GDPR si ofrecen bienes o servicios a residentes de la UE o monitorean su comportamiento.

Las sanciones por incumplimiento del GDPR son severas, con multas de hasta el 4% de la facturación anual global de la empresa o 20 millones de euros, lo que sea mayor. Estas penalizaciones subrayan la importancia de adoptar medidas estrictas para proteger la privacidad y seguridad de los datos personales.

8.1.2. Ley de Privacidad del Consumidor de California (CCPA)

En los Estados Unidos, esta ley establece requisitos similares al GDPR, otorgando a los consumidores mayor control sobre su información personal. Las empresas deben permitir a los usuarios optar por no compartir sus datos y proporcionar transparencia sobre cómo se utilizan.

8.1.3. Directiva NIS2 (Seguridad de Redes y Sistemas de Información)

Esta normativa de la UE obliga a las organizaciones que operan en sectores clave, como la energía, el transporte y la salud, a implementar medidas robustas de ciberseguridad y notificar incidentes significativos a las autoridades competentes. El objetivo principal es asegurar un nivel común elevado de seguridad de las redes y sistemas de información en toda la Unión.

Para cumplir con esta directiva, las organizaciones deben realizar evaluaciones de riesgos regulares y aplicar medidas técnicas y organizativas adecuadas para gestionar los riesgos. Estas incluyen la implementación de controles de seguridad, la creación de planes de respuesta a incidentes y la formación continua del personal en materia de ciberseguridad.

Además, la directiva NIS2 establece un marco de cooperación entre los Estados miembros de la UE para compartir información sobre amenazas y vulnerabilidades, lo que permite una respuesta coordinada a los ciberincidentes. También se fomenta la colaboración con el sector privado y la investigación en nuevas tecnologías de seguridad.

El cumplimiento de esta normativa no solo reduce la probabilidad de ciberataques y sus consecuencias, sino que también mejora la resiliencia de las infraestructuras críticas y refuerza la confianza de los ciudadanos y empresas en la protección de sus datos e información.

8.1.4. Normas ISO/IEC 27001 y 27701

Estos estándares internacionales establecen los requisitos para implementar sistemas de gestión de seguridad de la información (SGSI) y privacidad (SGP). La certificación en estas normas no solo demuestra el cumplimiento con buenas prácticas, sino que también puede ser un diferenciador competitivo en el mercado.

Estos estándares internacionales establecen los requisitos para implementar sistemas de gestión de seguridad de la información (SGSI) y privacidad (SGP). La certificación en estas normas no solo demuestra el cumplimiento con buenas prácticas, sino que también puede ser un diferenciador competitivo en el mercado.

ISO/IEC 27001

La norma ISO/IEC 27001 se centra en la implementación de un SGSI efectivo, que ayuda a las organizaciones a gestionar y proteger su información de manera sistemática. Entre los principales beneficios de esta certificación se encuentran la mejora continua de los procesos de seguridad, la reducción de riesgos y la garantía de confidencialidad, integridad y disponibilidad de la información.

ISO/IEC 27701

La norma ISO/IEC 27701, por otro lado, se centra en la gestión de la privacidad. Esta extensión de la ISO/IEC 27001 proporciona un marco para establecer, mantener y mejorar un SGP.

Implementar esta norma ayuda a las organizaciones a cumplir con regulaciones de privacidad como el GDPR y a gestionar los riesgos asociados con el procesamiento de datos personales.

PROCESO DE CERTIFICACIÓN

Para obtener la certificación en estas normas, las organizaciones deben seguir un proceso riguroso que incluye:

- ⇨ Realizar una evaluación inicial para identificar las brechas y áreas de mejora.
- ⇨ Desarrollar e implementar políticas y procedimientos alineados con los requisitos de las normas.
- ⇨ Capacitar al personal y fomentar una cultura de seguridad y privacidad dentro de la organización.
- ⇨ Realizar auditorías internas para verificar el cumplimiento y preparar la organización para la auditoría externa.
- ⇨ Pasar una auditoría externa realizada por un organismo de certificación acreditado.

BENEFICIOS DE LA CERTIFICACIÓN

Obtener la certificación en ISO/IEC 27001 y 27701 ofrece diversos **beneficios, tales como:**

- ⇨ Mejorar la confianza de los clientes, socios y partes interesadas en la capacidad de la organización para proteger y gestionar correctamente la información y los datos personales.
- ⇨ Reducir la probabilidad y el impacto de incidentes de seguridad y violaciones de privacidad.
- ⇨ Demostrar el compromiso de la organización con las mejores prácticas internacionales en seguridad y privacidad.
- ⇨ Facilitar el cumplimiento de regulaciones y requisitos legales relacionados con la seguridad de la información y la privacidad de los datos.
- ⇨ Aumentar la competitividad y la reputación de la organización en el mercado.

8.1.5. Legislaciones Nacionales de Ciberseguridad

Muchos países han desarrollado marcos legales específicos para abordar la seguridad en el ciberespacio. Por ejemplo, la Ley de Ciberseguridad de China, la Ley de Protección de Infraestructuras Críticas en Alemania y el Esquema Nacional de Seguridad (ENS) en España.

El ENS establece los principios y requisitos necesarios para una protección adecuada de la información en el sector público y para aquellos que prestan servicios o suministros al sector público.

Regulaciones Sectoriales: Sectores como la banca, la salud y las telecomunicaciones están sujetos a regulaciones específicas, como la Ley Gramm-Leach-Bliley (GLBA) para entidades financieras en EE. UU., la norma HIPAA para la protección de datos médicos y la Ley Orgánica de Protección de Datos y Garantía de Derechos Digitales (LOPDGDD) en España, que adapta el Reglamento General de Protección de Datos (RGPD) de la Unión Europea a la legislación nacional.

Para garantizar el cumplimiento, las organizaciones deben implementar programas de auditoría y monitoreo continuo, realizar capacitaciones regulares para el personal y establecer procedimientos claros para responder a posibles violaciones legales.

Esto no solo reduce la probabilidad de sanciones, sino que también refuerza la confianza de los clientes y socios en la gestión responsable de la información.

8.2. Protección de Datos y Propiedad Intelectual

La protección de datos y la propiedad intelectual son elementos esenciales en la gestión de la seguridad de la información, particularmente en un entorno empresarial donde la información es un activo estratégico clave.

Este apartado explora cómo garantizar que las organizaciones cumplan con las normativas aplicables, protejan su propiedad intelectual y gestionen adecuadamente los riesgos relacionados.

8.2.1. Protección de Datos Personales

La gestión y protección de los datos personales constituyen un ámbito altamente regulado en la mayoría de las jurisdicciones. Las empresas deben adherirse a principios clave como la legalidad, transparencia, finalidad limitada, minimización de datos, exactitud, almacenamiento limitado, integridad y confidencialidad.

Para lograrlo, deben implementar medidas como:

Gestión y Protección de Datos Personales

Obtener Consentimiento Informado

Asegurar que los individuos den su consentimiento explícito para el uso de sus datos

Realizar Evaluaciones de Impacto de Protección de Datos

Evaluar y mitigar riesgos asociados con el manejo de datos

Implementar Medidas de Gestión de Brechas de Seguridad

Establecer procedimientos para manejar y notificar brechas de datos

- **Consentimiento informado:** Obtener el consentimiento explícito de los individuos para la recopilación y uso de sus datos, asegurando que este proceso sea claro, accesible y revocable.
- **Evaluaciones de Impacto de Protección de Datos (DPIA):** Estas evaluaciones son esenciales para identificar y mitigar riesgos asociados al tratamiento de datos personales, especialmente cuando se emplean tecnologías emergentes como la inteligencia artificial.
- **Gestión de brechas de seguridad:** Disponer de procedimientos documentados para detectar, responder y notificar incidentes de seguridad que comprometan datos personales, en cumplimiento con reglamentaciones como el GDPR o la Ley de Privacidad de los Consumidores de California.

8.2.2. Propiedad Intelectual

La propiedad intelectual incluye marcas, patentes, derechos de autor, secretos comerciales y cualquier otra creación protegida por la ley. En el ámbito de la seguridad de la información, proteger la propiedad intelectual implica garantizar la confidencialidad, integridad y disponibilidad de los datos relacionados.

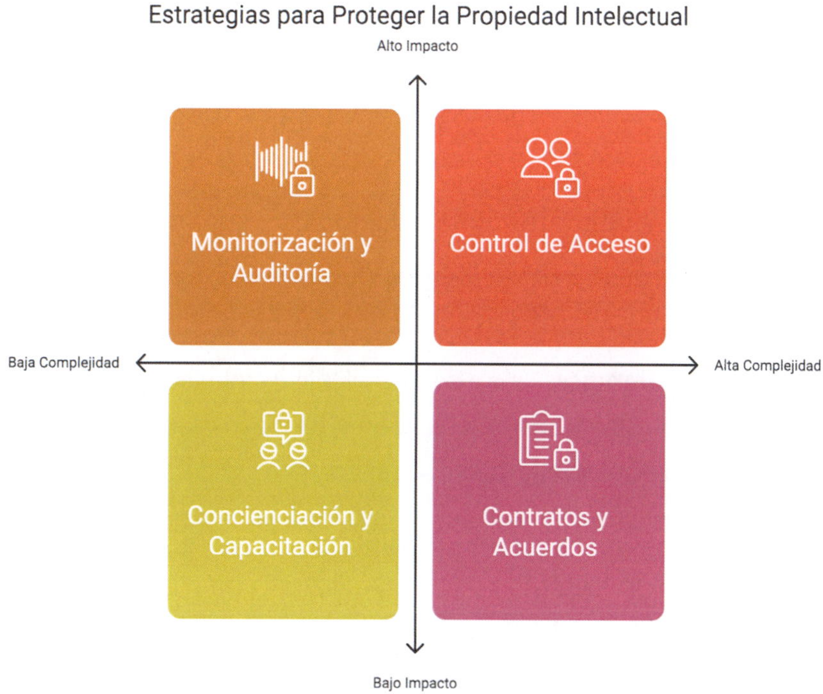

Entre las medidas clave para proteger la propiedad intelectual destacan:

- **Control de accesos:** Limitar el acceso a documentos y recursos sensibles únicamente a personal autorizado mediante sistemas de autenticación robusta y políticas de privilegio mínimo.
- **Monitorización y auditorías:** Implementar herramientas de monitoreo que permitan identificar accesos no autorizados, intentos de exfiltración de datos o usos indebidos de la propiedad intelectual.
- **Contratos y acuerdos de confidencialidad:** Establecer cláusulas claras en los contratos con empleados, proveedores y socios para regular el uso, almacenamiento y divulgación de información protegida.

- **Capacitación en seguridad:** Sensibilizar a los empleados sobre la importancia de la propiedad intelectual, los riesgos asociados a su pérdida y las mejores prácticas para prevenir incidentes.

8.2.3. Retos y Buenas Prácticas

El avance tecnológico y la globalización presentan retos significativos en el ámbito de la protección de datos y propiedad intelectual. Entre ellos se encuentran el incremento de ciberataques, la transferencia transfronteriza de datos y el uso de herramientas avanzadas como la inteligencia artificial.

Para enfrentarlos, las organizaciones pueden adoptar las siguientes buenas prácticas:

1. **Adopción de estándares internacionales:** Implementar normativas como ISO/IEC 27001 para la gestión de la seguridad de la información y ISO/IEC 27701 para la protección de datos personales.

2. **Política de retención de datos:** Definir plazos claros para el almacenamiento de datos y establecer procesos para su eliminación segura una vez que dejen de ser necesarios.

3. **Colaboración con expertos legales y tecnológicos:** Contar con asesoramiento especializado para garantizar el cumplimiento normativo y la implementación de tecnologías de protección avanzadas.

9. Utilización de Técnicas y Recursos para el Análisis de Datos

La recopilación y el análisis de datos son procesos fundamentales en la auditoría y la gestión de la seguridad de la información. Estos procedimientos permiten identificar vulnerabilidades, evaluar riesgos y responder de manera efectiva a incidentes de seguridad.

La correcta implementación de herramientas y metodologías garantiza la trazabilidad y la integridad de la información recopilada.

9.1. Herramientas de Recopilación de Evidencias

La recopilación de evidencias es una etapa crítica para establecer una base sólida en la investigación de incidentes de seguridad. Las herramientas empleadas en este proceso deben garantizar la obtención de datos de manera precisa, legal y oportuna, sin comprometer la integridad de las evidencias.

Entre las principales herramientas y técnicas utilizadas destacan:

- **Sistemas de Registro de Logs:** Estas herramientas capturan actividades en tiempo real de sistemas, aplicaciones y redes, proporcionando una visión detallada de los eventos que ocurrieron antes, durante y después de un incidente. Ejemplos de estas herramientas incluyen Syslog, Splunk y Graylog, las cuales permiten almacenar, analizar y visualizar datos de registros de manera eficiente.

- **Herramientas de Captura de Tráfico de Red:** Soluciones como Wireshark y tcpdump permiten monitorear y analizar el tráfico en la red para identificar actividades sospechosas o no autorizadas. Estas herramientas son esenciales para detectar ataques como sniffing, inyección de paquetes y otras amenazas relacionadas con la seguridad de la red.

- **Software de Análisis Forense de Dispositivos:** Herramientas como FTK (Forensic Toolkit) y EnCase son ampliamente utilizadas para extraer y analizar datos de dispositivos de almacenamiento, garantizando la preservación de la cadena de custodia.

- **Sistemas de Gestión de Información y Eventos de Seguridad (SIEM):** Estas plataformas consolidan datos de múltiples fuentes, facilitando la correlación de eventos y la identificación de anomalías. Ejemplos incluyen ArcSight, LogRhythm y IBM QRadar.

- **Cámaras de Seguridad y Sensores IoT:** En ciertos contextos, las grabaciones de cámaras de videovigilancia y los datos obtenidos de sensores IoT pueden actuar como evidencias complementarias para respaldar investigaciones relacionadas con accesos físicos o movimientos en instalaciones sensibles.

Las herramientas de recopilación de evidencias deben complementarse con protocolos bien definidos que garanticen la integridad de los datos recolectados, incluyendo la documentación detallada de cada paso del proceso y el uso de técnicas de cifrado para proteger la información almacenada. Además, es crucial que el personal encargado reciba capacitación constante en el manejo adecuado de estas herramientas para maximizar su efectividad.

9.2. Metodologías de Análisis Forense

El análisis forense es un proceso sistemático utilizado para investigar y reconstruir incidentes de seguridad, proporcionando evidencia que puede ser utilizada para identificar responsables, mitigar riesgos y fortalecer las defensas organizacionales.

Las metodologías de análisis forense deben seguir estándares reconocidos para garantizar la integridad y validez de los hallazgos.

Entre las principales metodologías destacan:

9.2.1. **Preservación de Evidencias:**

El primer paso en cualquier análisis forense consiste en la preservación de las evidencias digitales, asegurando que no sean alteradas durante el proceso de investigación. Esto incluye la utilización de herramientas de clonación de discos y la creación de hashes criptográficos para verificar la integridad de los datos.

Además de la preservación de las evidencias, es crucial documentar minuciosamente cada etapa del proceso para mantener una cadena de custodia precisa.

Esta documentación garantiza que cada acción realizada sobre la evidencia sea rastreable y verificable, lo cual es fundamental para presentar pruebas en un tribunal.

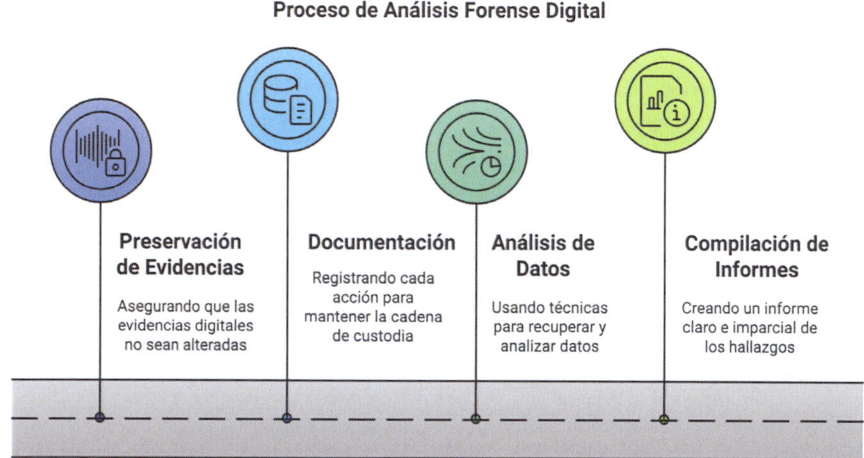

Una vez que se ha logrado preservar la evidencia, el siguiente paso implica su análisis detallado. Los analistas forenses emplean una variedad de técnicas, tales como el análisis de archivos, la recuperación de datos eliminados, y la identificación de patrones de actividad que puedan revelar comportamientos sospechosos o malintencionados. Es común utilizar software especializado, como herramientas de análisis de memoria y sistemas de detección de intrusiones, para llevar a cabo estas tareas con mayor precisión.

Finalmente, los resultados obtenidos deben ser compilados en un informe exhaustivo que explique los hallazgos de manera clara y comprensible. Este informe debe ser objetivo e imparcial, presentando tanto las pruebas que apoyen la hipótesis investigativa como aquellas que sean contrarias. La capacidad de comunicar efectivamente estos resultados es esencial para que las autoridades competentes puedan tomar decisiones informadas basadas en las evidencias presentadas.

9.2.2. **Adquisición de Datos:**

Esta etapa implica la recopilación de toda la información relevante, incluyendo archivos, registros, imágenes de discos y datos de red. Herramientas como FTK Imager y EnCase Forensic son esenciales para este propósito, asegurando que los datos sean recopilados de manera estructurada y sin comprometer la cadena de custodia.

Además de estas herramientas, es importante realizar la adquisición de datos volátiles, tales como la memoria RAM, que pueden contener información crítica sobre los procesos en ejecución, conexiones de red activas y otros aspectos del sistema en el momento del incidente. Para esto, se utilizan herramientas especializadas como Volatility y Rekall, que permiten extraer y analizar la memoria de manera eficaz.

La adquisición de datos también debe considerar la recopilación de información de dispositivos móviles y sistemas en la nube. Los dispositivos móviles pueden contener mensajes de texto, registros de llamadas y otros datos que son vitales para la investigación. Herramientas como Cellebrite y Oxygen Forensics son ampliamente utilizadas para analizar estos dispositivos. Por otro lado, la recopilación de datos en la nube requiere el uso de API y herramientas específicas para acceder a la información almacenada en servicios como Google Drive, AWS y Microsoft Azure.

Por último, es fundamental llevar un registro detallado de todas las acciones realizadas durante la adquisición de datos, incluyendo la fecha, hora, herramientas utilizadas y personal involucrado. Este registro garantiza la transparencia del proceso y permite la replicación de los resultados obtenidos, lo cual es esencial para la validez de la investigación forense.

9.2.3. **Análisis de Datos:**

El análisis forense examina las evidencias recopiladas para identificar patrones, actividades sospechosas o modificaciones no autorizadas. Esto puede incluir la búsqueda de malware, el análisis de logs y el rastreo de conexiones de red. Las herramientas como Autopsy y Volatility son ampliamente utilizadas en esta fase para analizar sistemas y procesos en memoria.

Durante esta fase, los analistas pueden llevar a cabo un análisis profundo de los archivos del sistema, revisando metadatos y registros para identificar cualquier actividad inusual o sospechosa. La recuperación de datos eliminados también es una tarea crucial, ya que puede revelar información que los perpetradores intentaron ocultar. Además, se realiza un análisis de artefactos del sistema, como las configuraciones de red y las entradas de registro, para rastrear el origen del incidente.

El análisis de la memoria viva puede proporcionar información valiosa sobre los procesos en ejecución, conexiones de red activas y otros aspectos del sistema en el momento del incidente. Esto puede ayudar a identificar la presencia de malware en la memoria o la ejecución de comandos sospechosos. Herramientas como Volatility y Rekall se utilizan para extraer y analizar estos datos de manera efectiva.

Otra técnica importante es el análisis de tráfico de red, que permite a los analistas examinar las comunicaciones entrantes y salientes para detectar patrones de comportamiento anómalos, posibles exfiltraciones de datos o intentos de comunicación con servidores de comando y control. Esto puede involucrar el uso de sistemas de detección de intrusiones (IDS) y el análisis de paquetes de red capturados.

Finalmente, los resultados obtenidos deben ser compilados en un informe exhaustivo que explique los hallazgos de manera clara y comprensible. Este informe debe ser objetivo e imparcial, presentando tanto las pruebas que apoyen la hipótesis investigativa como aquellas que sean contrarias. La capacidad de comunicar efectivamente estos resultados es esencial para que las autoridades competentes puedan tomar decisiones informadas basadas en las evidencias presentadas.

9.2.4. **Reconstrucción de Eventos:**

Una vez analizados los datos, se reconstruyen los eventos para entender cómo ocurrió el incidente, quién estuvo involucrado y cuáles fueron las consecuencias. Este proceso es clave para establecer líneas de tiempo precisas que apoyen investigaciones internas y externas.

La reconstrucción de eventos implica la correlación de diversas evidencias recopiladas durante la fase de adquisición y análisis. Los analistas forenses examinan los registros de logs, los artefactos del sistema, los archivos recuperados y la memoria viva para identificar los pasos que siguieron los atacantes y su modus operandi.

La identificación de la cadena de eventos permite a los investigadores determinar el punto de entrada, los movimientos laterales dentro de la red y las técnicas utilizadas para evadir detección. También es crucial identificar cualquier exfiltración de datos y el alcance del compromiso de la seguridad.

Además, la reconstrucción ayuda a comprender las vulnerabilidades explotadas y las debilidades en las medidas de seguridad existentes. Este conocimiento es fundamental para fortalecer las defensas de la organización y prevenir futuros incidentes.

Finalmente, la reconstrucción de eventos se documenta detalladamente para ser incluida en el informe forense final. Esta documentación no solo proporciona una narrativa clara de lo ocurrido, sino que también sirve como evidencia crucial en procedimientos legales y auditorías de seguridad. En conjunto, este esfuerzo meticuloso refuerza la postura de seguridad de la organización y su capacidad para responder y recuperarse de incidentes de seguridad complejos.

9.2.5. **Documentación y Reporte:**

El análisis forense concluye con la elaboración de un informe detallado que documente todos los hallazgos, metodologías utilizadas y recomendaciones para prevenir incidentes similares en el futuro. Este informe debe ser claro, exhaustivo y estar preparado para ser utilizado en procedimientos legales si es necesario.

El informe debe incluir una descripción detallada de las técnicas de adquisición de datos, las herramientas de análisis utilizadas y cómo se interpretaron los datos obtenidos. Es fundamental que se presenten pruebas físicas y digitales que respalden cada conclusión, así como una línea de tiempo precisa de los eventos ocurridos. Adicionalmente, el informe debe proporcionar recomendaciones específicas sobre cómo mejorar la postura de seguridad de la organización, abordar las vulnerabilidades encontradas y fortalecer las políticas y procedimientos de seguridad.

Además, el informe debe incluir secciones dedicadas a la evaluación del impacto del incidente en la organización. Esto implica analizar las posibles pérdidas financieras, el daño a la reputación, la interrupción de los servicios y cualquier otro efecto colateral. Esta evaluación ayuda a la organización a comprender la magnitud del incidente y a planificar estrategias de recuperación y mitigación.

La sección final del informe debe enfocarse en las lecciones aprendidas del incidente. Esto incluye una reflexión sobre la eficacia de las respuestas iniciales, las áreas de mejora en la detección y respuesta a incidentes, y cómo se pueden aplicar estos aprendizajes para fortalecer la resiliencia de la organización frente a futuros ataques.

La documentación meticulosa y el reporte no solo ayudan a recuperar la normalidad después de un incidente, sino que también refuerzan la capacidad de la organización para responder de manera efectiva a amenazas futuras y garantizar que las evidencias sean admisibles en un tribunal de justicia, reforzando la postura de seguridad de la organización y su capacidad para responder ante incidentes complejos.

El uso de metodologías rigurosas no solo aumenta la eficacia del análisis forense, sino que también asegura que las evidencias sean admisibles en un tribunal de justicia, reforzando la postura de seguridad de la organización y su capacidad para responder ante incidentes complejos.

Resumen

La auditoría de seguridad es una herramienta esencial para evaluar y reforzar las medidas de protección de los activos de información en un entorno empresarial digitalizado. Este procedimiento permite identificar vulnerabilidades, asegurar el cumplimiento normativo y brindar recomendaciones para mejorar la seguridad.

El Sistema de Gestión de Seguridad de la Información (SGSI) ofrece un marco estructurado basado en el ciclo PDCA (Planificar, Hacer, Verificar, Actuar) para proteger los datos organizacionales. Este sistema garantiza la confidencialidad, integridad y disponibilidad de la información mediante normativas internacionales como ISO 27001.

Los activos organizacionales, tanto tangibles como intangibles, se clasifican en información, infraestructura física, recursos humanos y tecnológicos. La gestión efectiva de estos activos implica identificar su criticidad y aplicar las medidas de protección adecuadas.

La seguridad física y humana abarca controles de acceso, protección ante desastres y supervisión de instalaciones para prevenir daños a los recursos. Estrategias como la definición de zonas de acceso, pruebas de contingencia y sistemas de monitoreo son esenciales.

La gestión de comunicaciones y operaciones cubre procedimientos de respaldo, registro (logs) y herramientas de monitoreo para garantizar la integridad y disponibilidad de los sistemas.

El empleo de plataformas SIEM y herramientas de análisis de riesgos permite mitigar amenazas y optimizar la seguridad.

El control de accesos incluye mecanismos de autenticación y autorización para regular el acceso a recursos críticos, destacándose la autenticación multifactor y el modelo de control de acceso basado en roles (RBAC).

La gestión de continuidad del negocio comprende el plan de contingencia y recuperación ante desastres que permite a las organizaciones mantener la operatividad tras incidentes disruptivos. Este plan debe revisarse y actualizarse periódicamente para adaptarse a los cambios organizacionales.

El cumplimiento de normativas como el GDPR, CCPA e ISO 27001 es crucial para garantizar la protección de datos y evitar sanciones. Además, se destacan las normativas sectoriales específicas. El análisis de datos y forense digital utiliza herramientas como registros (logs), sistemas SIEM y software de análisis forense para investigar incidentes de seguridad. Las metodologías de análisis forense incluyen la preservación de evidencias, la reconstrucción de eventos y la elaboración de informes.

Glosario

Activo de Información

Todo recurso que posee valor para una organización, como datos, sistemas, redes, documentos físicos o electrónicos.

Activos Críticos

Recursos esenciales para el funcionamiento de una organización, cuya pérdida o daño podría generar un impacto significativo.

Análisis Forense

Proceso que incluye la preservación, adquisición, análisis y reporte de datos para investigar incidentes de seguridad.

Auditoría de Seguridad

Proceso sistemático para evaluar y verificar la eficacia de las medidas de protección implementadas en una organización, identificando vulnerabilidades y asegurando el cumplimiento normativo.

Auditoría de seguridad

Evaluación sistemática de las políticas, prácticas y configuraciones de seguridad para identificar vulnerabilidades y garantizar el cumplimiento normativo.

Autenticación Multifactorial (2FA)

Método de verificación que combina dos o más factores independientes (algo que el usuario sabe, algo que el usuario tiene, algo que el usuario es) para acceder a un sistema o aplicación.

Autenticación multifactor (MFA)

Método de verificación que combina dos o más factores, como contraseñas, biometría y dispositivos físicos, para autenticar usuarios.

CCPA (Ley de Privacidad del Consumidor de California)

Ley que otorga a los consumidores control sobre cómo se recopila y utiliza su información personal.

Cadena de Custodia

Documentación detallada que asegura la integridad y trazabilidad de las evidencias digitales durante una investigación.

Ciberataque

Acción malintencionada dirigida a comprometer sistemas, redes o dispositivos para robar datos, interrumpir servicios o causar daño.

Ciberseguridad

Conjunto de prácticas, tecnologías y procesos diseñados para proteger sistemas, redes y datos frente a accesos no autorizados, interrupciones o daños.

Confidencialidad

Principio de ciberseguridad que garantiza que la información solo esté disponible para personas o sistemas autorizados.

Contención

Fase del protocolo de respuesta ante incidentes destinada a limitar el daño y evitar que el incidente se propague.

Criptografía

Técnica que transforma datos en un formato cifrado para protegerlos contra accesos no autorizados.

Directiva NIS

Normativa para garantizar un nivel elevado de seguridad en las redes y sistemas de información en la UE.

Disponibilidad

Asegura que los sistemas y datos estén accesibles para los usuarios autorizados cuando los necesiten.

Errores Humanos

Fallos involuntarios cometidos por personas, como configuraciones incorrectas, envío de datos a destinatarios erróneos o uso de contraseñas débiles.

Evaluación Continua

Proceso de análisis regular para identificar nuevos riesgos y ajustar las medidas de seguridad en consecuencia.

Evaluación de Impacto en el Negocio (BIA)

Análisis que identifica las posibles consecuencias de un incidente en los procesos críticos de una organización.

Firewall de próxima generación (NGFW)

Dispositivo que no solo filtra paquetes, sino que también analiza aplicaciones y detecta amenazas avanzadas en tiempo real.

Firewall

Sistema de seguridad que monitorea y controla el tráfico entrante y saliente de una red según políticas de seguridad predefinidas.

Forense Digital

Rama de la ciberseguridad que investiga incidentes mediante la recuperación y análisis de datos electrónicos.

GDPR (General Data Protection Regulation)

Reglamento General de Protección de Datos de la Unión Europea que regula el tratamiento de datos personales de los ciudadanos europeos.

GDPR (Reglamento General de Protección de Datos)

Normativa de la Unión Europea que regula la protección de datos personales y establece derechos y obligaciones para su manejo.

Gestión de Accesos

Proceso de controlar y monitorear quién puede acceder a qué recursos dentro de una organización, basado en roles y necesidades específicas.

Gestión de parches

Proceso de identificación y aplicación de actualizaciones de software para corregir vulnerabilidades y mejorar la seguridad.

Herramientas SIEM (Security Information and Event Management)

Plataformas que recopilan y analizan datos de seguridad en tiempo real para detectar amenazas y generar alertas.

IDS/IPS

Sistemas de detección y prevención de intrusiones que monitorean el tráfico de red para identificar y bloquear actividades maliciosas.

ISO 27001

Norma internacional que establece requisitos para implementar un Sistema de Gestión de Seguridad de la Información (SGSI).

ISO/IEC 27001

Estándar internacional que especifica los requisitos para establecer, implementar y mejorar un SGSI.

ISO/IEC 27701

Extensión de ISO 27001 enfocada en la gestión de privacidad y cumplimiento normativo en el tratamiento de datos personales.

Incidente de Seguridad

Cualquier evento que comprometa la confidencialidad, integridad o disponibilidad de los activos de información de una organización.

Ingeniería social

Técnica que manipula psicológicamente a las personas para que revelen información confidencial o realicen acciones perjudiciales.

Integridad

Garantiza que los datos sean precisos y no hayan sido alterados de manera no autorizada.

Matriz de Riesgos

Herramienta que clasifica los riesgos según su probabilidad de ocurrencia y el impacto potencial, facilitando la priorización de acciones.

Normativa NIS2

Regulación de la UE para mejorar la seguridad de las redes y sistemas de información en sectores clave.

Phishing

Técnica de engaño utilizada para obtener información confidencial, como contraseñas o datos bancarios, mediante correos electrónicos o sitios web falsos.

Plan de Recuperación ante Desastres (DRP)

Estrategia que define cómo una organización se prepara y responde a eventos disruptivos, asegurando la continuidad operativa.

Política de Seguridad

Conjunto de directrices y procedimientos diseñados para proteger los activos de información de una organización.

Políticas de acceso basado en roles (RBAC)

Modelo de control que asigna permisos a los usuarios según sus funciones específicas en la organización.

Privilegio Mínimo

Principio que establece que cada usuario debe tener acceso solo a los recursos necesarios para desempeñar sus funciones.

Protección de Datos

Conjunto de medidas técnicas, legales y administrativas destinadas a salvaguardar la privacidad de los datos personales y corporativos.

RBAC (Control de Acceso Basado en Roles)

Modelo de autorización que asigna permisos según los roles que desempeñan los usuarios dentro de una organización.

Ransomware

Tipo de malware que cifra los datos de una víctima y exige un rescate para devolver el acceso.

Recuperación

Fase del protocolo de respuesta ante incidentes enfocada en restaurar los sistemas y servicios afectados a un estado seguro y funcional.

SGSI (Sistema de Gestión de Seguridad de la Información)

Marco estructurado para proteger la confidencialidad, integridad y disponibilidad de la información mediante controles y políticas específicas.

SIEM (Security Information and Event Management)

Herramientas que combinan la gestión de eventos de seguridad y la correlación de datos en tiempo real para detectar incidentes.

Segmentación de redes

Práctica de dividir una red en segmentos más pequeños para limitar el movimiento lateral de atacantes.

Seguridad de la información

Estrategia enfocada en garantizar la confidencialidad, integridad y disponibilidad de los datos a través de controles técnicos, organizativos y legales.

Simulación de Ataques (BAS)

Evaluaciones automatizadas que replican tácticas de atacantes para medir la eficacia de las defensas.

Simulación de Incidentes

Ejercicios prácticos que permiten a los empleados y equipos técnicos practicar la respuesta ante situaciones de seguridad simuladas, como ataques de phishing o ciberataques.

Triada CIA

Modelo que agrupa los tres principios fundamentales de la ciberseguridad, Confidencialidad, Integridad y Disponibilidad.

VPN (Virtual Private Network)

Red privada virtual que permite conexiones seguras entre dispositivos y redes, protegiendo la información transmitida.

Zero Trust (Cero Confianza)

Modelo de seguridad que asume que ningún usuario o dispositivo es completamente confiable sin verificación continua.

ICB
EDITORES